Ulisses Riedel

AS CAUSAS DA MISÉRIA E SUA SUPERAÇÃO

REFLEXÕES

1ª Edição

Brasília

EDITORA
UNIÃO PLANETÁRIA

2011

As Causas da Miséria e a sua Superação - Reflexões
Ulisses Riedel

EDITORA UNIÃO PLANETÁRIA
SHIN QL 13, Conjunto 05, Casa 19
Lago Norte | Brasília-DF | Brasil
CEP: 71.535-055
Telefone: +55 61 3368.17.52
Fax: +55 61 3368.64.80
E-mail: editora@uniaoplanetaria.org.br
www.uniaoplanetaria.org.br

R551

As Causas da Miséria e sua Superação

Reflexões

Ulisses Riedel

Brasília, 2011

ISBN: 978-85-60335-04-6

CDD 303.4

| COLABORAÇÃO |
Antônio Augusto Queiroz, Celso Luiz Claro de Oliveira, Guairacá Carvão Nunes, Marcelo Barros Pe., Noemi Salgado Soares, Paul Singer, Vanda Beatriz Riedel, Vera Lucia de Oliveira Daller e Walter Barbosa Melo.

| REVISÃO |
Maria Janaína Alves Vieira, Noemi Salgado Soares e Vanda Beatriz Riedel

| CAPA, PROJETO GRÁFICO E DIAGRAMAÇÃO |
Miguel Alves Pinto

As presentes reflexões são dedicadas a Sra. Dilma Rousseff, Excelentíssima Presidenta do Brasil, que, em seu discurso de posse, assegurou que a sua luta mais obstinada será pela erradicação da pobreza extrema e a criação de oportunidade para todos.

É uma tarefa que precisa ser abraçada com entusiasmo por todos e que se tornará realidade graças à sua coragem e o seu carinho para com o povo brasileiro.

Deus a abençoe.

Ulisses Riedel

Sumário

ANEXOS

APRESENTAÇÃO

As reflexões de Ulisses Riedel sobre "As causas da miséria e sua superação" são alimento para o espírito, uma leitura sensível que faz bem a alma e nos afasta da dura realidade do mundo atual, cheia de injustiça, insensibilidade, ingratidão e intolerância.

Ulisses Riedel propõe uma revolução nos valores e no comportamento das pessoas, como forma de atingir o ideal da vida em sociedade. Uma sociedade só será democrática e justa se todos tiverem vida digna, com acesso aos direitos civis, políticos, sociais.

Para muitos o ideal é irrealizável, é utópico, e lutar por um mundo fraterno e solidário, além de ingênuo, seria infrutífero, porque a humanidade não teria jeito, seria egoísta por natureza.

Isso pode até ser verdade para muitos que acreditam nos valores do individualismo e do egoísmo, que ora pregam uma coisa, ora fazem outra, mas não para Ulisses Riedel. No caso dele, discurso e prática se harmonizam. Ele pratica o que prega. Faz pelo exemplo.

Bem sucedido na vida pessoal e profissional, Riedel é a generosidade em pessoa. Alma pura, pessoa de bem, vive em função do ideal coletivo de um mundo sem exploradores nem explorados.

Humanista por formação e vocação, Riedel adota como filosofia de vida o mote segundo o qual "não há ideologia superior à solidariedade humana".

Adepto de um mundo livre de fronteiras, com idioma universal, considera repugnante a riqueza de poucos em detrimento da miséria e do sofrimento de muitos.

O Estado, em sua concepção, não serve apenas para organizar a vida em sociedade, mas também para assegurar liberdade e oportunidade para todos, além corrigir as desigualdades, especialmente no provimento das necessidades básicas, como condição para uma vida com dignidade.

Reconhece que o ideal de uma sociedade harmônica e feliz, entretanto, depende de mudanças de mentalidade e transformação das pessoas, que precisam se despir do espírito de disputa e competição por vaidade, por bens materiais ou por ressentimentos.

Por isso, prega a solidariedade e o altruísmo como valores a serem alcançados no ideal de uma só nação, sem fronteira nem barreiras, sem miseráveis nem excluídos, com harmonia e convivência pacífica entre os povos, no verdadeiro sentido de humanidade.

Antônio Augusto de Queiroz

*Jornalista, analista político, Diretor de Documentação do **DIAP** – Departamento Intersindical de Assessoria Parlamentar e autor dos livros "Por dentro do processo decisório – como se fazem as leis" e "Por dentro do governo – como funciona a máquina pública".*

PREFÁCIO

Ulisses Riedel é um pensador, um sonhador e um educador da esperança, da solidariedade e do amor. Ele sabe que a miséria não apenas revela o cruel e desamoroso fenômeno da absurda violação dos direitos humanos, como também expressa a dor dilacerante de um dos cânceres sociais mais violentos que aflige a humanidade. No conteúdo dos diferentes capítulos do seu livro As Causas da Miséria e sua Superação ele evidencia o seu compromisso efetivo com a "luta mais obstinada" do atual governo brasileiro, relacionada à concretização de ações políticas a serviço do processo da erradicação da pobreza extrema.

A originalidade desse livro de Ulisses está em que ele apresenta um inteligente e ousado projeto de ação sócio-político-pedagógica que, se colocado em prática, irá contribuir efetivamente para o processo de eliminação da miséria e da fome no Brasil. Este autor reconhece que seu projeto não representa uma novidade, mas um indicativo de que a concentração de esforços através do conhecido sistema da chamada economia solidária poderá ser um caminho adequado para a erradicação da pobreza extrema.

Para o neurocientista e biólogo Humberto Maturana, a competição é um fenômeno antissocial que implica a negação do outro e nega o amor. Este pensador afirma que a competição gera a cegueira, porque nega o outro e reduz a criatividade, reduzindo as circunstâncias de coexistência. Utilizando-se deste pensamento do Maturana, o economista Marcos Arruda afirma que a economia capitalista é sempre competitiva e sempre está baseada na cultura do desamor e na cultura da morte. Ele entende que os frutos da economia capitalista são a exploração, a opressão, a alienação, o medo, a angústia, a ausência de autoestima e sentido de vida, a infelicidade. Também ressalta que da cultura desamorosa da competição emerge uma ética terrível, que legitima a idéia de que o bom é tudo aquilo que me ajuda ter, possuir, controlar os outros e acumular riquezas; e o mal é tudo aquilo que me impede de fazer isto. É esta ética do desamor que fundamenta e legitima a cultura da ganância, da usura, da avareza e do indiscriminado uso fruto do outro. Arruda afirma que é esta ética desamorosa, ou antiética, que leva a cultura capitalista a ver tudo – natureza, objetos, bens comuns da humanidade, seres humanos, sua educação, saúde, lazer, sua vida e sua morte, até mesmo sua fé – como instrumento para acumulação de riquezas, mesmo ao custo de degradação e destruição.

Ao contrário da economia capitalista, a economia solidária fundamenta-se na cultura da amorosidade e da cooperação. De acordo com Marcos Arruda, a cultura da colaboração solidária é também a cultura do amor, que tem uma ética construtiva, uma ética do um por todos e todos por um. Esta ética considera que "o bom é tudo aquilo que nos ajuda a compartilhar os meios de sobrevivência e as riquezas; tudo que eu fizer em favor da promoção dos outros é bom para eles e traz benefícios também para mim". Arruda compreende que economia solidária é a economia dedicada ao bem-viver social, é a economia da alteridade, em que eu quero o bem-viver do Outro porque o Outro também mora na mesma casa que eu, e estando ele melhor, eu também estou melhor; o Outro é um prolongamento de mim, se o outro não está bem, eu também não posso estar bem. Este economista evidencia que a cultura da solidariedade e do amor é o princípio fundamental da socioeconomia solidária. Ele considera que nesta cultura da solidariedade estão envolvidos os valores da reciprocidade, cooperação, compaixão, respeito à diversidade, complementaridade, comunidade, amorosidade.

Ulisses entende que o movimento político do processo de erradicação da fome no Brasil precisa sustentar-se na cultura amorosa da socioeconomia solidária, fundamentada na cultura do amor e na ética construtiva. Ao destacar que a desenfreada busca de lucro da economia capitalista de mercado não permite o desenvolvimento de nenhum tipo de preocupação com a miséria social, ele evidencia que tal economia - por fundamentar-se na cultura do desamor de uma atuação competitiva baseada na luta de uns contra os outros - não tem capacidade de propor qualquer tipo de ação a serviço da eliminação da fome.

Paul Israel Singer afirma que a miséria é pobreza tão extrema que suas vítimas frequentemente não sabem quando e nem de onde virá sua próxima refeição; moram ao relento, pois não têm trabalho e nem renda regular. Como muitos pensadores e educadores, Ulisses Riedel entende que a pobreza extrema de milhões de seres humanos brasileiros não é fruto do acaso. É conseqüência da cegueira de uma lógica da cultura do desamor do sistema capitalista, que provoca a exclusão social. Ele ressalta que até hoje grande parte de nossa população brasileira vive mergulhada na miséria não por razões naturais, mas, ao contrário, por um sistema social injusto e desamoroso, que perpetua perversa cultura das desigualdades sociais e prolonga o colonialismo, que em outros tempos dividia portugueses e brasileiros, brancos e nativos (negros e índios) e proprietários e colonos. Ele entende que esta é uma tarefa governamental. A partir desta consciência, apresenta, na primeira parte do livro, algumas idéias básicas de possível aplicação, urgente e imediatamente, no processo de extermínio da miséria no Brasil.

O autor compreende que o fundamental é dar oportunidade para a grande massa de desempregados se incluírem socialmente. Para tanto, sugere que o governo construa, humana e democraticamente, condições para que o povo que vive em extrema pobreza possa, através do apoio e da assistência do Estado, vencer as condições existenciais de miséria pelo próprio trabalho - físico, educacional, cultural, artístico, etc. Ulisses afirma que, no esforço comum para a libertação da extrema pobreza da população brasileira miserável, os mais pobres não podem ser objetos e sim sujeitos ativos e conscientes do processo de autopromoção do direito à digna condição humana.

A partir da compreensão de que é mais lógico e humano garantir o direito de milhões de excluídos à inclusão social, do que a reserva de mercado para alguns, Ulisses propõe que o Estado organize e apoie a formação de organizações sociais para que a grande massa de desempregados possa incluir-se socialmente com o próprio trabalho. Ele compreende que a organização de novos modelos de cooperativas de trabalho não somente irá transformar um agrupamento social ocioso em um grupo de seres humanos trabalhadores com atividade produtiva, como também irá eliminar focos de miséria da população que vive em extrema pobreza. Na sua perspectiva, este é um projeto que pode ser feito em pequena escala ou em maior escala, de amplo atendimento a agrupamentos sociais que estão fora do processo produtivo. O autor ressalta que o resultado natural da "prática deste projeto será a retirada de milhões de pessoas do desemprego, as quais irão inserir-se na atividade produtiva, vivendo graças ao próprio esforço, com autoestima, amor próprio e contribuindo com o crescimento da Nação".

Desde que era estudante do curso de Direito Ulisses já compreendia que país rico é país sem pobreza, sem miséria, sem injustiça social, sem corrupção, sem analfabetismo, sem doença. Essa compreensão lhe levou a ser advogado de sindicatos de trabalhadores desde 1960. Em 1983 fundou do **DIAP** - Departamento Intersindical de Assessoria Parlamentar, sendo seu Diretor Técnico, através do qual atuou na constituinte, tendo colaborado na conquista de direitos trabalhistas que foram inseridos na Constituição de 1988.

Ulisses acredita que a miséria pode ser exterminada no Brasil até 2014, quando irá concluir o mandato da presidente Dilma Rousseff. Um dos seus sonhos na publicação deste seu livro é transformar a experiência da erradicação da miséria e da fome no Brasil em um laboratório vivo de uma amorosa revolução social, fundamentada na cultura do amor da socioeconomia solidária, para ser aplicada nos demais países da nossa aldeia planetária.

***Noemi Salgado Soares**, Doutora*

Educadora, Consultora Educacional, Graduada em Letras Vernáculas, Especialista em Filosofia da Educação Interdisciplinar, Mestre em Letras Vernáculas, Doutora em Educação, professora da Universidade Federal da Bahia (UFBA). Coordenadora pedagógica e docente do Centro Transdisciplinar de Educação e Formação de Educadores (CETRAEFE) da Fundação União Planetária (FUP).

INTRODUÇÃO

No atual contexto histórico planetário, não há nada mais importante para a humanidade do que o atendimento dos Objetivos de Desenvolvimento do Milênio - as Metas do Milênio - em todos os níveis: municipal, regional, nacional e mundial. Nada é mais importante para o mundo do que termos uma humanidade sem os dramas da fome, da miséria, do analfabetismo, da mortalidade infantil e das gestantes, das doenças endêmicas, da destruição da natureza, da falta de solidariedade e da falta de retos meios de vida[1].

1 No ano de 2000, a Assembléia Geral das Nações Unidas – ONU aprovou, por unanimidade de votos, com a participação de 191 países membros, inclusive o Brasil, os Objetivos de Desenvolvimento do Milênio (ODM) – que se caracterizam por oito objetivos sociais básicos para a humanidade, que deverão ser alcançados até 2015. São os seguintes os Objetivos de Desenvolvimento do Milênio:

1. Erradicar a fome e a miséria do mundo;
2. Educação básica de qualidade para todos (o que implica em acabar com o analfabetismo);
3. Igualdade de gêneros e a valorização da mulher;
4. Reduzir a mortalidade infantil;
5. Melhorar a condição de saúde das gestantes;
6. Combate a AIDS, a malária e outras doenças endêmicas;
7. Qualidade de vida e respeito ao meio ambiente;
8. Todo mundo trabalhando pelo desenvolvimento (o que implica na inclusão social).

Esses objetivos básicos se desdobram em Metas do Milênio.

O atendimento destes objetivos é uma tarefa hercúlea, exigindo dedicação, estudo, planejamento, aprofundamento, pesquisa e esforço.

Assim sendo, todos os esforços devem ser devotados ao alcance das Metas do Milênio como um passo decisivo para alcançar a justiça social, a plenitude da fraternidade humana e da felicidade. Com justiça social o paraíso é aqui mesmo, na Terra.

A tarefa é tão gigantesca, o desafio é tão significativo, que para ser efetivamente realizado depende de que toda a sociedade se mobilize e que o Governo Federal, os Governos Estaduais e Municipais, entidades públicas e privadas, associações de classes, Universidades, a sociedade civil organizada (ONGs, OSCIPS), de uma forma geral, coloquem apoio político e recursos para a sua difusão, promoção e fortalecimento: cartazes, folders, vídeos, realização de evento (encontros, seminários, shows, palestras públicas, etc) e que desenvolvam projetos específicos em suas áreas de ação.

Com uma atuação forte de todos os setores da sociedade poder-se-á realizar um ambicioso trabalho para alcançar os Objetivos de Desenvolvimento do Milênio, em sua plenitude.

Sendo o primeiro ODM "**erradicação da fome e a miséria**", resolvemos pensar com maior profundidade sobre esta questão, buscando investigar e encontrar as raízes/ causas que provocam a fome e a miséria. Como conseqüência desta investigação, elaborei este livro, onde também apresento um projeto-proposta de ações concretas que poderão contribuir para a erradicação da fome e da miséria.

Considero que a elevação ética da humanidade é imprescindível para a total erradicação da miséria humana, que é fruto mais da miséria moral do que de dificuldades materiais. Não basta atuar no efeito, mas é necessário ir às raízes dos problemas para encontrar a real solução, como bem explicita a seguinte estória:

> *Dois amigos estavam juntos a beira de um caudaloso rio, debaixo de uma frondosa árvore, conversando amigavelmente, quando perceberam uma criança se debatendo na correnteza. Instintivamente se jogaram na água e com grande emoção a salvaram. Nesse instante perceberam que havia uma segunda criança sendo arrastada pela correnteza. Com a mesma presteza, jogaram-se no rio e foram buscá-la, salvando-a também. Emocionados e apreensivos olharam novamente para o rio e, perplexos, perceberam que milhares de crianças eram arrastadas, debatendo-se na correnteza. Um dos amigos disse com vigor: "Vamos, vamos*

> *salvá-las" e o segundo prontamente respondeu: "Não! Não, vá você. Alguém tem que tentar salvá-las. Eu vou rio acima. Quero ver quem está jogando essas crianças no rio e atuar para impedir que isso aconteça".*

Salvar todas as pessoas que são jogadas no "rio do abandono" é uma atitude valiosa. Contudo, fundamental mesmo é ir às causas e criar condições para que o abandono e a miséria não possam mais germinar em nossa pátria.

Ir às causas da miséria para encontrar a sua superação demanda um profundo mergulho em muitas questões, destacando-se uma crítica lúcida e sincera ao tipo de sistema social, político e econômico que, no mundo inteiro, organiza a sociedade de uma forma estruturalmente injusta e desigual, provocando a miséria de milhões de pessoas em meio a pequenas ilhas de luxo e discriminação social. Esta organização social, política, econômica se apóia em uma mistificação cultural e ideológica. Por isso, se torna necessária uma correta percepção filosófica da existência humana.

O principal objetivo da União Planetária - entidade civil sem fins lucrativos, qualificada pelo Ministério da Justiça como uma Organização da Sociedade Civil de Interesse Público – OSCIP - é a defesa dos ideais das Nações Unidas de fraternidade universal, de paz mundial, de justiça social, o que implica em trabalhar pelo fim da miséria e de todos os males sociais.

Sob o lema "não há ideologia superior à solidariedade", a União Planetária tem como um de seus princípios básicos a essencial mudança de paradigmas para a construção de uma sociedade livre, igualitária e fraterna.

Em cumprimento a sua missão, e por força das parcerias estabelecidas com UNITED NATIONS – UN Nova York e com a ONU/PNUD Brasil, para a divulgação dos Objetivos de Desenvolvimento do Milênio - ODM, e como Secretaria Executiva do Movimento "Nós Podemos Brasília", a União Planetária vem promovendo estudos e reflexões sobre a miséria humana e a sua superação. Tem realizado encontros – reuniões, seminários, conferências e fóruns em Universidades - envolvendo instituições públicas, religiosas e entidades civis diversas, como também tem produzido programas para televisão abordando a questão dos Objetivos do Milênio, especialmente ao ODM número UM, que trata da Erradicação da Fome e da Miséria.

Nestas reflexões considero que, mesmo sendo o mais importante a reta visão filosófica das raízes da miséria, é fundamental e urgente que se adote medidas efetivas e concretas, de aplicação imediata e urgente.

Assim, em primeiro lugar dou destaque a uma reflexão propositiva, de aplicação imediata, apontando a seguir uma percepção sobre a erradicação definitiva da miséria.

A erradicação da miséria é examinada dentro de uma visão transdisciplinar, na qual os desafios sociais e os temas ligados a estes problemas se intercalam, havendo assim, naturalmente, alguns reforços de conceitos.

É certo que muitos, envolvidos pelo ritmo que o modelo atual de vida se nos impõe, não dispõem de tempo para se dedicarem a reflexões – apesar de serem de extrema importância. Por isto, procuro apresentar um estudo de forma sintética, tanto para as propostas objetivas, quanto para os aspectos filosóficos inerentes à mudança de paradigmas que possam assegurar a erradicação da miséria em nosso país, quem sabe em nosso planeta.

—— CAPÍTULO I ——

IDEIAS BÁSICAS, DE APLICAÇÃO IMEDIATA E URGENTE, PARA A ERRADICAÇÃO DA MISÉRIA

Muitas são as ações que podem ser desenvolvidas para a erradicação da miséria. Para facilitar o enfrentamento desse gigantesco desafio, algumas ideias são apresentadas. Muitas delas já vêm sendo aplicadas de forma brilhante em vários setores. Caberia multiplicar milhares de vezes o trabalho excepcional que já vem sendo feito. A rigor, nestas reflexões, não existe nada de novo, apenas o realce de pontos importantes, para algumas prioridades.

META DAS METAS

É essencial o envolvimento emocional de toda a Nação, com total concentração de esforços, para alcançar êxito de uma meta tão ambiciosa e fundamental como a da erradicação da miséria. Só será possível alcançar a erradicação da miséria, dentro de um período de governo, se houver total mobilização da sociedade.

Perfeita a atuação do governo federal, através da Presidenta Dilma Rousseff, ao proclamar a erradicação da miséria como sua meta principal, a Meta das Metas, e humildemente pedir o apoio de toda a sociedade, conforme seu discurso de posse:

> *"A luta mais obstinada do meu governo será pela erradicação da pobreza extrema e a criação de oportunidade para todos".*
>
> *"Esta não é tarefa de um governo, mas um compromisso a ser abraçado por toda a sociedade. Para isso, peço, com humildade, o apoio das instituições públicas e privadas, de todos os partidos, das entidades empresariais e dos trabalhadores, das universidades, da juventude, de toda a imprensa e das pessoas de bem".*

O conteúdo das diferentes partes deste livro é uma resposta da entidade civil União Planetária ao pedido da Excelentíssima Presidenta da República, em seu discurso de posse.

A CONQUISTA DA CIDADANIA PELO TRABALHO

A inclusão da força de trabalho dos desempregados nas atividades produtivas permitirá que saiam da condição marginal e possam se posicionar como cidadãos na sociedade.

Passos sugeridos:

1. **PLANEJAMENTO, SENSIBILIZAÇÃO E MOBILIZAÇÃO.**

- **Criação** da Autoridade Pública de Inclusão Social - APIS. Assim como para atender às necessidades das Olimpíadas foi criada uma Autoridade Pública Olímpica – APO, da mesma forma é essencial que o projeto de erradicação da miséria seja comandado por uma Autoridade Pública com poderes especiais;
- **Criação** de uma estrutura específica para a inclusão social, a Organização Nacional para a Inclusão Social – **ONIS**, sob a coordenação da Autoridade Pública para a Inclusão Social – **APIS**;
- **Criação**, dentro do **PAC** – Programa de Aceleração do Crescimento, de um eixo específico para a Inclusão Social;

- **Estruturação** de um sólido e ambicioso planejamento para a sistematização, implantação e efetivação do projeto;
- **Envolvimento** de todos os Ministérios, todos os órgãos governamentais nessa tarefa, convidando os governos estaduais e municipais para se integrarem nela;
- **Criação**, pela sociedade civil, do **Movimento Brasil Sem Pobreza**, em apoio ao apelo feito pelo Governo Federal para que todos, de todas as colorações políticas, ideológicas, religiosas, sem exceções - envolvendo voluntários, partidos políticos, imprensa, entidades de classes, sindicatos, empresas, universidades, escolas, igrejas, clubes, etc. - se envolvam na tarefa de trabalhar juntos pela concretização do projeto de erradicação da miséria. Um movimento que reúna voluntariamente pessoas físicas e jurídicas, públicas e privadas, em igualdade de condições, para juntos, articuladamente, mobilizar, colaborar, apoiar e participar dessa tarefa magna, humanista, da erradicação da pobreza extrema e criação de oportunidade para todos, em uma parceria entre a mobilização da sociedade civil e o poder de Estado;
- **Elaboração de um Projeto de Lei específico** criando uma nova configuração institucional e jurídica, com a criação da **Organização Nacional de Inclusão Social**

– **ONIS**, dos Núcleos de Inclusão Social - **NIS** e das Empresas de Inclusão Social – **EIS**. As Empresas de Inclusão Social, baseadas nos princípios e ideais associativistas, cooperativistas e de socioeconomia solidária, terão características próprias, com proteção legal especial;

- **Divulgação e difusão** ampla do projeto e de tudo o que vier a ser aprovado.

2. ABRANGÊNCIA

A atuação deve ter início nas comunidades mais pobres. Devem ser identificadas as comunidades de extrema pobreza, de alta vulnerabilidade social. Devem ser incluídas as penitenciárias como comunidades prioritárias;

As primeiras localidades devem ser as de maior facilidade de implantação. Sugere-se que sejam, entre outras, inseridas as comunidades hoje assistidas pela Polícia Pacificadora.

3. PARCERIAS

Deve haver a identificação e contratação de entidades que estejam interessadas em participar do projeto através de Parcerias Públicas (prefeituras, câmaras de vereadores, secretarias municipais, escolas, delegacias, quartéis, outros órgãos governamentais federais, estaduais e municipais, etc) e de Parcerias Público Privadas (ONGs, OSCIPs, clubes, igrejas, sindicatos, associações, escolas, empresas, etc). Essas parcerias mobilizarão a sociedade civil em direção ao propósito maior da erradicação da miséria.

Toda a capacitação deve ser feita em espaços públicos e privados já existentes e eventualmente em tendas, numa verdadeira **operação de paz**. Não devem ser utilizados recursos financeiros para construções de instalações para o aprendizado. Todos os órgãos governamentais devem abrir espaço para a capacitação desses aprendizes, inclusive órgãos da polícia, dos bombeiros e, mais especificamente, as Forças Armadas, que detêm organização, estrutura, disciplina, quartéis com capilaridade que alcança todo o país e experiência na tarefa de inclusão social, como no Programa Segundo Tempo – Forças no Esporte. Quanto maior o número de espaços públicos e privados colocados à disposição para capacitação, maior será abrangência do trabalho.

4. EXECUÇÃO

A Organização Nacional para a Inclusão Social – **ONIS** - coordenada pela Autoridade Pública para a Inclusão Social – **APIS**, por sua amplitude deve alcançar todos os Ministérios, atuando como uma super estrutura, envolvendo todas as atividades governamentais.

5. LINHAS DE AÇÃO

Para comunidade escolhida devem ser utilizadas quatro linhas de ações prioritárias:

- capacitação profissional;
- educação de base e de cidadania;
- espaço de convívio social e lazer;
- atendimento das necessidades básicas da comunidade;

O tempo de aprendizado estará dividido em três partes: aulas de capacitação profissional, aulas de educação de base e de cidadania e horário de convívio social e lazer.

5.1 CAPACITAÇÃO PROFISSIONAL

Atuar na capacitação dos candidatos em atividades profissionais:

- Mais fáceis de ser implementadas, tais como: cabeleireiro, manicure, massagista, etc;

- Atendendo a outras profissões que exigem maior capacitação e esforço no aprendizado, tais como corte e costura, marceneiro, serralheiro, soldador, encanador, eletricista, telefonista, etc;

- Implementando a capacitação profissional para atividades mais complexas, tais como digitador, programador, etc.

5.2 EDUCAÇÃO DE BASE E CIDADANIA

Os aprendizes receberão aulas de educação de base e de cidadania e incentivo à educação formal, em convênios com escolas públicas e privadas, como também por educadores contratados especificamente.

5.3 ESPAÇO DE CONVÍVIO SOCIAL E DE LAZER

Os aprendizes deverão ter significativo tempo dedicado ao convívio social, com aulas de música, de dança, de meditação, de ioga, de tai chi chuan, com a inclusão de esportes.

5.4 ATENDIMENTO DAS NECESSIDADES BÁSICAS DA COMUNIDADE

Quando se diz vida condigna, significa que não bastam recursos de sobrevivência, mas que integrem educação, cultura, saúde, profissionalização, habitação confortável, com água, luz, esgoto, etc;

A miséria não será erradicada apenas com a concessão de salários ou mesmo com o resultado financeiro obtido pelo trabalho ou pelo associativismo. É indispensável o atendimento das demais necessidades básicas da população;

A comunidade que for assistida pela Organização Nacional para a Inclusão Social - ONIS deve contar com:

- escola,
- posto de saúde,
- creche,
- biblioteca,
- espaço de esporte, de convívio social e lazer, e
- delegacia.

6. BOLSA CAPACITAÇÃO

Nesse período, os aprendizes receberão uma "bolsa capacitação", condicionada à freqüência às aulas e ao esforço despendido;

Com um sábio planejamento, deverão ser buscados recursos para o Bolsa Capacitação, assim como feito com o programa Bolsa Família.

7. EMPRESAS DE INCLUSÃO SOCIAL

Concluída a capacitação, haverá um segundo desafio essencial, sem o qual todo o esforço despendido poderá perder eficácia – da inclusão desses novos profissionais no mercado;

Para garantir a inclusão desses novos profissionais nas atividades econômicas, poderá a Organização Nacional para a Inclusão Social – **ONIS**, observada a natureza específica de cada atividade:

- oferecer apoio para serem contratados como empregados,
- apoiar para constituírem pequenas empresas, e
- muito mais eficazmente, oferecer apoio para se organizarem em Empresas de Inclusão Social – EIS, de economia solidária.

O modelo de cooperativas existente deve ser ampliado, aperfeiçoado e adaptado, através de legislação especial, à realidade e às necessidades de inclusão social. Por isso, uma nova legislação específica se faz necessária, criando-se uma nova figura jurídica: "Empresas de Inclusão Social", dentro do princípio associativista, cooperativista e da economia solidária. Essa nova modalidade deve receber ampla proteção por parte do Estado. Nos princípios gerais da atividade econômica, a Constituição Federal de 1988, em seu art. 174 e em seu parágrafo 2º, disciplina que, como agente normativo e regulador da atividade econômica, o Estado apoiará e estimulará, na forma da lei, o cooperativismo e outras formas de associativismo.

Contudo, desde já é importante que se dê início ao projeto de capacitação, independentemente da aprovação de legislação pertinente.

Paul Singer, Secretário Nacional de Economia Solidária do Ministério do Trabalho e Emprego, ressalta a importância da distinção entre as cooperativas autênticas, cooperativas sociais, das falsas cooperativas que vieram apenas para "*roubar dos trabalhadores seus direitos históricos*".

E definiu, o renomado Mestre, economia solidária, nas seguintes palavras:

> *"É uma economia formada por empresas onde os trabalhadores são capitalistas e os capitalistas são trabalhadores. Não há separação entre a propriedade e o trabalho. Todos que trabalham na empresa são donos da empresa por igual. Cada um tem a mesma parte do capital e, portanto, nos mesmos direitos de decisão. Pratica-se a auto-*

gestão, que é a administração da empresa por todos que trabalham nela democraticamente".

É dentro desta linha que se posiciona a presente proposição.

Considerando que o presente projeto se alicerça nos princípios e ideais do cooperativismo, vale registrar que a 64ª Assembleia Geral da ONU, proclamou 2012 como o Ano do Cooperativismo. (anexo II)

8. APOIO ÀS EMPRESAS DE INCLUSÃO SOCIAL - EIS

- Atuar para que os serviços e os produtos das Empresas de Inclusão Social - EIS encontrem espaço no mercado;
- Apoiar as negociações públicas e privadas de produtos e serviços;
- Incluir as Empresas de Inclusão Social - EIS nas licitações públicas;
- A Organização Nacional para a Inclusão Social - ONIS deverá exercer ampla fiscalização para que nenhuma Empresa de Inclusão Social - EIS se desvirtue. Para que a figura do atravessador não explore os seus

integrantes. Para que as Empresas de Inclusão Social - EIS sejam sempre autênticas e que não se transformem em falsas associações, irregulares, como ocorre com a existência de pseudo cooperativas;

- A Organização Nacional para a Inclusão Social – ONIS deverá garantir proteção aos integrantes das EIS para que tenham sempre a garantia de receber resultados condignos do trabalho, assegurado os direitos mínimos previstos aos trabalhadores na legislação trabalhista;
- A Organização Nacional para a Inclusão Social - ONIS poderá comprar ou encomendar produtos e serviços produzidos pelas Empresas de Inclusão Social – EIS. A ONIS poderá, por exemplo, encomendar das EIS de corte e costura uniformes para os alunos da rede pública - considerando os milhões de alunos das escolas públicas teremos trabalho para muitos milhares de novos profissionais -, como também a confecção de uniformes para as Forças Armadas, Corporações de Policiais, etc, como também, ainda exemplificativamente, dar prioridade para obras públicas, como casas populares, efetivadas por Empresas de Inclusão Social autênticas.

JUSTIFICATIVA

Como afirmado anteriormente, o presente projeto não representa uma novidade, mas o indicativo de que a concentração de esforços é o caminho mais adequado para erradicação da pobreza extrema. Acolhendo os princípios da economia solidária, em sintonia com os ideais do associativismo e do cooperativismo, é preciso introduzir condições especiais para a proteção das camadas mais vulneráveis.

Paul Singer, Secretário Nacional de Economia Solidária do Ministério do Trabalho e Emprego, com perfeição ressaltou que:

> *"a erradicação da miséria exigirá tal empenho da sociedade e do governo que só uma mobilização total de suas melhores forças a tornará realidade".*

Acrescentou:

> *"Erradicar a miséria, do ponto de vista de seus beneficiários, é mudar profundamente suas vidas. Para que aconteça, é indispensável que os seus beneficiários também sejam seus sujeitos, e não meros objetos; que eles possam optar por projetos que lhes exigirão empenho para conquistar um padrão normal de vida não*

> *apenas para si, mas possivelmente para uma família e uma prole. Para tanto, será preciso que participem da elaboração dos novos projetos de vida e que recebam os recursos essenciais para realizá-lo".*

Até hoje, uma grande parte de nossa população vive mergulhada na miséria não por razões naturais, mas ao contrário, por um sistema social injusto que perpetua as desigualdades sociais e prolonga o colonialismo que em outros tempos dividia portugueses e brasileiros, brancos e nativos (negros e índios) e proprietários e colonos. Reunidos na 2ª Conferência Geral do Episcopado Latino-americano em Medellín, Colômbia (1968), os bispos católicos latino-americanos denunciaram este sistema como uma "injustiça estrutural" e afirmaram que, na América Latina, em geral, "não há pessoas pobres, mas empobrecidas".

Ao pensarmos no esforço comum pela sua libertação deste empobrecimento social e humano, é preciso termos claro que, neste processo, os mais pobres não podem ser objetos e sim sujeitos ativos e conscientes de sua promoção humana. Isso já começou a acontecer nos movimentos sociais organizados e em um caminho social e político internacional que têm mobilizado os povos indígenas, favorecido sua legítima articulação (hoje existe na ONU uma representação da União Internacional dos Povos Indígenas). Também as populações negras, remanescentes de quilombos se têm organizado, conquistado direitos como as cotas em escolas e universidades. Hoje, no Brasil, existem universidades voltadas especialmente para as populações negras que prestam um excelente serviço à sua promoção social. Do mesmo modo, movimentos de lavradores, de operários, de pessoas sem-teto, de catadores de papel e resíduos sólidos (lixo), todos estes setores se organizam e merecem todo o apoio e precisam ser escutados pelo governo e pelos organismos que se colocam como parceiros em suas lutas pela libertação da pobreza.

Outros pontos a serem considerados:

- Buscar que os cidadãos possam ter retos meios de vida significa, como primeiro passo, na prática, emprego, trabalho autônomo, trabalho cooperativado ou outros meios lícitos de vida condigna;
- Quando existe trabalho para ser feito e mão-de-obra disponível, é preciso juntar esses dois elementos. O Estado deve ter projetos para envolver o seu povo em atividades produtivas;
- Está provado - mais do que provado - que a economia de mercado, por si só, não tem capacidade de eliminar a miséria, pois sua atuação competitiva é baseada na luta de uns contra os outros, na busca do lucro sem nenhuma preocupação com a miséria social - a maioria gerada pelo próprio sistema -, que precisa ser

dissipada;

- Quem deve ser responsável pela educação e condições de vida condigna para as populações mais carentes? Existem duas alternativas principais: na primeira o povo é apoiado e participa da construção do seu progresso, com o seu próprio trabalho, mas assistido pelo Estado; na segunda o povo fica abandonado à sorte do mercado, ou seja, à própria sorte. A sugestão é no sentido de que o Estado e os governos se envolvam em construir, humana e democraticamente, condições para que o povo possa vencer as condições de miséria em que vive - pelo próprio trabalho - físico, educacional, cultural, artístico, etc. Há um ditado que diz que "o cesteiro que faz um cesto faz um cento". A partir do momento em que o Estado consiga organizar Empresas de Inclusão Social, ou outras formas de organização, um agrupamento social ocioso em atividade produtiva, estará eliminando focos de miséria. É um projeto que pode ser feito em pequena escala ou em maior escala, de amplo atendimento a agrupamentos sociais que estão fora do processo produtivo.

- O resultado natural será tirar milhões de pessoas do desemprego, se inserindo na atividade, vivendo graças ao próprio esforço, com autoestima, amor próprio e contribuindo com o crescimento da Nação.

- A pobreza extrema de milhões de seres humanos não é fruto do acaso. É conseqüência de uma lógica do sistema que provoca exclusão social. Contudo, é mais lógico e humano garantir o direito de milhões de excluídos à inclusão social, do que a reserva de mercado para alguns. Naturalmente poderá ocorrer a resistência de alguns setores da economia, querendo um mercado privativo. O fundamental é dar oportunidade a grande massa de desempregados para se incluírem socialmente com o próprio trabalho;
- Concluída a tarefa de inclusão social pelo trabalho, restarão outros aspectos fundamentais para que esses brasileiros possam conquistar a dignidade social e, verdadeiramente sair da miséria. Trata-se da inclusão na educação, na saúde, na habitação, na segurança, tarefas específicas do Poder Público. Os novos profissionais podem, no entanto, ser envolvidos também nessas tarefas, privilegiando a atuação que esteja em sintonia com esses objetivos. Em outras palavras: ao invés de irem, por exemplo, construir prédios que venham atender a demanda das classes mais abastadas, irão, prioritariamente, construir casas para as classes mais necessitadas.

OPORTUNIDADES OLÍMPICAS

O Brasil não pode ser apenas sede de uma Olimpíada, em 2016, para que os países que investem em sua juventude levantem as medalhas, ficando os nossos jovens, especialmente os mais carentes, olhando para o magno espetáculo como meros observadores.

O programa “Bolsa Atleta” deve ser ampliado significativamente e concedido a todo o adolescente que queira dedicar suas energias para essa preparação. Fala-se em bilhões que serão gastos com preparativos para o evento. Quantos bilhões serão gastos com a preparação dos nossos atletas?

Os nossos jovens precisam ser preparados a partir de agora e não em 2014 ou 2015. Essa é uma oportunidade gigantesca que o Estado tem de apoiar milhões de jovens carentes em suas preparações para o evento. O jovem dedicado aos esportes estará naturalmente afastado da marginalidade, das drogas e dos vícios.

APOIO E FORTALECIMENTO DO TRABALHO DESENVOLVIDO NO CAMPO SOCIAL

É reconhecidamente de grande importância o que vem sendo feito no campo social por entidades como o SESI, SESC, SENAI, SENAR, SEBRAE e outras congêneres, e também o trabalho social desenvolvido pelo Ministério da Defesa, pelas Polícias Civis e Militares e pelo Corpo de Bombeiros. O que se propõe é o fortalecimento, ampliação e potencialização destas iniciativas.

Podemos citar, por exemplo, o Segundo Tempo, que é um programa do Ministério do Esporte, destinado a democratizar o acesso à prática e à cultura do Esporte de forma a promover o desenvolvimento integral de crianças, adolescentes e jovens, como fator de formação da cidadania e melhoria da qualidade de vida, prioritariamente em áreas de vulnerabilidade social.

O Ministério da Defesa, com a infraestrutura das Forças Armadas, aderiu ao Programa Segundo Tempo, em 2003, com a denominação: Segundo Tempo – Forças no Esporte. Desde então o desenvolve em parceria com o Ministério do Esporte e com o Ministério do Desenvolvimento Social e Combate à Fome, buscando promover, por intermédio do esporte, a integração social, a prevenção de doenças e promoção da saúde, e a prevenção da marginalidade e violência para crianças e jovens, por meio de mecanismos que tornem possível a integração social, a valorização da cidadania, a inserção no mercado de trabalho e a permanência em atividades físicas, na esportividade e no lazer.

Atualmente o Programa Segundo Tempo atende a mais de um milhão de crianças e adolescentes, e dentro do aquartelamento das Forças Armadas Brasileiras com cerca de doze mil beneficiados, tendo a perspectiva de chegar a vinte mil no decorrer do ano de 2011 e cem mil até 2016.

Dessa forma o "Forças nos Esporte", atende aos seguintes objetivos de governo do Programa Segundo Tempo:

- Oferecer práticas esportivas educacionais, estimulando crianças e adolescentes a manter uma interação efetiva que contribua para o seu desenvolvimento integral;
- Oferecer condições adequadas para a prática esportiva educacional de qualidade;
- Desenvolver valores sociais;
- Contribuir para a melhoria das capacidades físicas e habilidades motoras;
- Contribuir para a melhoria da qualidade de vida (autoestima, convívio, integração social e saúde);
- Contribuir para a diminuição da exposição aos riscos sociais (drogas, prostituição, gravidez precoce, criminalidade, trabalho infantil e a conscientização da prática esportiva, assegurando o exercício da cidadania).

A prática tem sido de grande êxito, com milhares de

adolescentes estudando e integrados em uma visão de cidadania. Atualmente, os militares fazem essa tarefa cidadã com parcos recursos. É preciso encontrar formas de apoiar e fortalecer este importante trabalho que vem sendo feito e de multiplicar, inúmeras vezes, esse valioso empreendimento.

Certamente milhares de outras providências podem e devem ser tomadas no sentido de fortalecimentos de iniciativas no campo social, já existentes.

MOVIMENTO "NÓS PODEMOS BRASÍLIA"

O Movimento "Nós Podemos" objetiva divulgar, implantar, acompanhar e atuar para o cumprimento dos Objetivos do Milênio no Brasil. A União Planetária firmou parceira com a UNITED NATIONS, em Nova York, outra com a ONU/PNUD Brasil e atua como a Secretaria Executiva do Movimento Nós Podemos Brasília, esta com missão fundamental de promover a divulgação, a promoção, a sistematização, a implantação e o acompanhamento do movimento em Brasília.

Há uma perfeita sintonia das Metas do Milênio com a missão e os objetivos da União Planetária. Essas são as suas metas, os seus objetivos, a sua finalidade e a sua razão de ser.

CAPÍTULO II

REFLEXÕES FILOSÓFICAS

Para desenvolver um sólido planejamento para o alcance das Metas do Milênio, precisamos de uma visão interdisciplinar que abranja áreas como a História, a Sociologia, a Antropologia, a Economia e principalmente da Filosofia para que possamos aprofundar na origem dos males sociais, como a fome, a miséria, as drogas, a violência, o analfabetismo, a mortalidade infantil e de gestantes, etc.

A História nos revela que desde os tempos antigos, o caminho da humanidade se deu principalmente sobre a conquista violenta de impérios sobre povos explorados. Mesmo as conquistas de civilização não se deram sem grandes sofrimentos e perdas para as populações empobrecidas e oprimidas. O racismo que discrimina seres humanos pela cor da pele ou por sua etnia, o patriarcalismo que privilegiou o domínio do homem sobre a mulher, o antropocentrismo que ignora o direito dos animais e de todos os seres vivos, todos estes elementos têm raízes culturais que podemos filosoficamente tentar identificar para melhor superá-los. Entre estes elementos culturais responsáveis por muitos sofrimentos sociais, sem dúvida, está o individualismo ocidental. Um estudioso da sociedade ocidental resumiu isso ao dizer: "A sociedade ocidental se caracteriza pelo individualismo. Ela ensina que o indivíduo só alcança sua própria identidade quando é claramente separado dos outros e do resto do mundo que o rodeia"[2]. Enquanto na África, a filosofia preponderante é o Ubuntu, pelo qual, alguém só se torna pessoa através das outras pessoas, no Ocidente, o individualismo permeia tudo o que fazemos e se manifesta no modo das pessoas lidarem com a economia, as relações sociais e familiares. De 1974 a 1984, um grupo de sociólogos, dirigido por Robert Bellah, desenvolveu uma pesquisa extensiva sobre os efeitos psicossociais do individualismo na sociedade norte-americana. "As conclusões são impressionantes. Os efeitos disso são a alienação social, o isolamento das pessoas, um aumento descomunal de depressões e a incapacidade das pessoas manterem relações estáveis"[3].

Numa análise mais profunda pode-se identificar que estes males sociais têm uma causa comum: a ausência, na humanidade, de qualidades fundamentais que balizam as relações humanas para o bom convívio. Cita-se:

a) **ausência de vontade** - que resulta na descrença, na falta de energia, ocasionando a inércia, a

2 S.B. SCHARPER, *Redeeming the Time: A Policital Theology of the Environment*, Continuum, New York, 1998, p. 96.

3 R.BELLAH et alii, *Habits of the Heart: Individualism and Commitment in American Life*, University of California Press, Berkeley, CA, 1985, p. 142 - 165, citado por ALBERT NOLAN, Cristiani si diventa, Bologna, EMI, 2009, p. 26.

omissão, o imobilismo e a falta de atuação.

b) **ausência de sabedoria** - que resulta na ignorância, na falta de percepção de que estamos todos interligados, de que somos interdependentes e de que todos participamos de uma mesma vida. Daí a ilusão da separatividade, o individualismo, o venha a nós, o egoísmo e a ganância;

c) **ausência de amor** - que resulta no desamor e na insensibilidade humana;

Essas qualidades fundamentais **vontade, sabedoria e amor** se integram harmoniosamente na manifestação cósmica, e por consequência, na natureza humana.

Essas "ausências" só poderão ser vencidas, obviamente, com o desenvolvimento dessas mesmas qualidades ausentes. Assim, a inércia, ignorância e o desamor são ausências que poderão ser vencidas com o desenvolvimento da qualidade correspondente. Através do desenvolvimento da sábia e poderosa energia do amor será possível a construção de um mundo de justiça social e de fraternidade, vivido em sociedades mais solidárias.

O despertar dessas qualidades na sociedade – **vontade, sabedoria e amor** – deve ser com conhecimento pedagógico, técnico, científico e, principalmente, com aprofundamento filosófico.

Segundo os sociólogos e antropólogos, a sugestão e a imitação são os elementos básicos vitais para a transformação das sociedades. Para este despertar e a implementação destas qualidades, certamente um dos instrumentos mais importantes é a difusão, pela divulgação, dos exemplos positivos - de atitudes e iniciativas diplomáticas, amorosas, altruístas e solidárias - , onde a televisão e os demais veículos de comunicação assumem papel relevante. Jornais, televisão, filmes e outras mídias que primam pelo foco na violência, na miséria humana, no ódio, certamente são nutrientes inadequados para a evolução da humanidade.

O ser humano em sua manifestação é trino – físico, emocional e mental - precisando de saudáveis nutrientes físicos, emocionais e mentais. Assim como existem três cores na natureza: o vermelho, o amarelo e o azul, criando todos os matizes da manifestação, assim também o ser humano, apesar de uno, se manifesta trinamente em atividade, emoção e pensamento, que compõe o ser psicológico. Se nos alimentarmos com nutrientes deteriorados – física, emocional e mentalmente – esses veículos de manifestação da consciência serão altamente prejudicados, dificultando a expressão de nossa natureza interna.

Isto significa dizer que precisamos de alimentos físicos, emocionais e mentais saudáveis para nos expressar, para expressar a nossa essência, a nossa consciência. Uma mídia – jornais, televisão e internet - que enfatize os exemplos de solidariedade humana exercerá, inevitavelmente, uma influência altamente benéfica na sociedade. É óbvio que seres humanos altruístas construirão uma sociedade altruísta e seres humanos egoístas construirão uma sociedade egoísta. Assim, um trabalho de educação coletiva em valores humanos, que possa colaborar com a reforma do homem, precisa ser feito. **É preciso investir na comunicação de massa com a divulgação de atuações de amorosidade, de solidariedade, de ética, de estética, de fraternidade universal, sobretudo de valores humanos altruístas.**

Não se propõe o estabelecimento de censura, mas autocensura. As empresas de comunicação se inserem no contexto de "responsabilidade social". Devem ter a percepção de que existem muitos fatos positivos que merecem ser divulgados, ao invés do sensacionalismo da desgraça. A afirmação de que "notícia boa" não vende é terrivelmente trágica. É a afirmação de que na busca do lucro não deve estar presente a ética. Ressalte-se, ainda, que na verdade as notícias, os filmes, os programas divulgados não correspondem à verdade da existência humana. Basta constatar que a maioria de nós jamais viu com os próprios olhos um assassinato, no entanto, na televisão, nos filmes todos nós assistimos milhares deles. A realidade da vida, em seu aspecto mais profundo, é o cuidado que a mãe tem com seus filhos, o trabalho do pai para sustentá-los e instruí-los, é o esforço para uma existência digna.

SOCIEDADE EM TRANSFORMAÇÃO

A tarefa da conquista de um mundo novo, mais feliz, mais justo, mais amoroso, mais organizado, não é uma tarefa fácil.

Sob a influência do egocentrismo humano e do individualismo social, em busca de segurança, acabam se perpetuando valores do passado em toda a prática social – envolvendo as escolas, a família os meios de comunicação – limitando extraordinariamente o crescimento que as relações sociais deveriam propiciar.

Como se comporta a sociedade? Aparentemente, seguindo a inclinação de seus líderes, agindo à semelhança de um rebanho. Pela necessidade de segurança, de aprovação, o comportamento do indivíduo inclina-se para seguir o comportamento de massa. O comportamento coletivo, por sua vez, é determinado pelos "formadores de opinião": intelectuais, governantes, líderes religiosos, artistas, sinalizando para a grande massa os parâmetros do "certo" ou "errado", com a cumplicidade formidável da mídia. Estando tais líderes profundamente hipnotizados pela cultura do desfrute, do poder, do consumismo, do individualismo, da tecnologia, que tipo de "moral" edifica o povo?

A tarefa é difícil especialmente porque depende da transformação de cada um de nós, e, por consequência, de toda a humanidade. Há que se ter coragem para questionar os valores que nos edificam e que norteiam as relações humanas. Assim como um bolo de chocolate é feito com chocolate, um mundo de fraternidade só pode ser feito com fraternidade. ***"Não há caminho para a paz, a paz é o caminho"*** (Mahatma Gandhi).

É preciso uma atuação permanente, perseverante, paciente, com confiança, com fé: é preciso acreditar que é possível essa conquista e persistir em sua busca. **Não há progresso sem esforço.**

Não é fácil, mas é possível e viável. Com paciência, perseverança e confiança podemos construir uma massa crítica, uma consciência coletiva, que substitua os valores materiais individualistas, egoístas, patrimonialistas e gananciosos, por valores humanistas e espirituais: vendo o outro como integrante de nossa própria vida e percebendo que, a rigor, o outro não existe, ele faz parte de nós mesmos, faz parte da nossa humanidade. Com uma atuação altruísta e solidária, os valores vigentes preponderantes serão mudados, para que prevaleçam novos paradigmas, criando-se um mundo novo de paz, de fraternidade, de amor, alicerçado no princípio de que ***"não há ideologia superior à solidariedade"***.

CONCEPÇÕES DE SOLIDARIEDADE

Em nossa sociedade há várias concepções de Solidariedade que se cruzam e às vezes se opõem:

1ª concepção: Solidariedade como Assistência

Talvez esta seja a concepção mais comum e generalizada. De acordo com esta perspectiva, o pobre é visto como indivíduo ou apenas como uma pessoa carente que deve ser ajudado em sua necessidade.

Em determinados momentos e situações, a "assistência" é necessária: catástrofes ecológicas, doenças graves, deficiências físicas ou psíquicas/necessidades especiais físicas e mentais, fome crônica e desnutrição, velhice e assim por diante. A fome não espera. É preciso uma ação emergencial para socorrer as vítimas emergenciais, mas não basta isso. Se nos contentássemos com esta dimensão, estaríamos nos omitindo. É preciso nunca perder de vista uma perspectiva coletiva, estrutural, para explicar as causas da pobreza e para combatê-las. Dom Hélder Câmara se lamentava: "Quando eu falo em ajudar os pobres, me chamam de santo. Quando eu pergunto por que são pobres, as mesmas pessoas me acusam de comunista".

A solidariedade como assistência tem dificuldade de assumir os pobres como participantes e protagonistas de sua própria promoção. Eles são considerados destinatários da ação social, mas não tomam parte efetiva nela. Por isso, a solidariedade como assistência apresenta o grave risco de se degenerar em assistencialismo.

O assistencialismo se apóia em algumas percepções reais, muitas vezes, existentes, mas que devem ser enfrentadas e superadas:

- o imobilismo dos pobres;
- a extrema fragilidade das pessoas em situação de risco social;
- as questões específicas de cultura, etnia e gênero oprimidos.

Além disso, é claro que as pessoas que vêm de um processo de exclusão (ou inclusão subordinada) estão acostumadas a pedir e a receber.

É preciso também admitir que existe um lado obscuro da assistência: a submissão e a dependência dos empobrecidos acaba favorecendo um sistema de coronelismo e às vezes até de corrupção.

O que diferencia uma prática assistencial contextualizada de uma prática assistencialista é:

- a consciência de que o ser pobre tem personalidade e história;

- o horizonte do protagonismo possível (o que as pessoas devem assumir como sua responsabilidade).

Quando a assistência social se transforma em política pública, traz esta ambiguidade: assegura alguns direitos básicos aos fracos e supre temporariamente carências gritantes. Mas pode ser uma perigosa arma política de manipulação do povo. Especialmente se não estiver relacionada com práticas de autogestão e auto-organização dos setores populares.

2ª concepção: Solidariedade como Organização do Povo Oprimido, pela Libertação.

Este modo de entender e praticar a solidariedade supõe uma organização social construída, ou se construindo, conjuntamente com as pessoas que precisam ser ajudadas. O modelo de cooperativas se inscreve nesta perspectiva. As organizações e movimentos de base têm se construído neste caminho. Em várias cidades brasileiras, o surgimento de cooperativas de catadores de papel, de meninos de rua, de empregadas domésticas, assim como de movimentos sociais de desempregados, sem-terra e sem teto caminham a partir desta forma de compreender a solidariedade. Mesmo organismos internacionais têm reconhecido e valorizado este tipo de trabalho. É preciso que a nossa ação de solidariedade não caia na tentação de fazer de conta que estamos começando ou que chegamos em um terreno vazio. É fundamental partir do que já existe e principalmente valorizar e fortalecer as organizações sociais já existentes e atuantes.

3ª concepção: Solidariedade como Encontro com o Diferente e Ação Voluntária.

É, por exemplo, a ação internacional de solidariedade a favor dos povos indígenas, das comunidades de cultura afro e das comunidades de ciganos, ainda hoje, perseguidos.

Neste tipo de solidariedade, o modelo do voluntariado tem sido fundamental e muito fecundo. Em vários países da América Latina, foram os movimentos indígenas, apoiados por organizações de voluntariado internacional, como por exemplo, os índios de Chiapas, no sul do México, que deram origem a um novo processo social e político que tem significado muito para os países irmãos.

4ª concepção: Solidariedade como Responsabilidade Social das Empresas

Hoje, se fala muito em "responsabilidade social". Ainda que diferentemente de outros conceitos, este tipo de solidariedade não se dirija diretamente a pessoas, a própria organização das empresas assume o caráter de "responsabilidade social" ao destinar cotas de trabalho, por exemplo, para pessoas com necessidades especiais, ou para pessoas egressas do sistema penitenciário e assim por diante. A solidariedade como "responsabilidade social" não pode ser apenas uma forma disfarçada de justificar o não pagamento de impostos ou de fazer propaganda da empresa, mas deve efetivamente colocar a empresa como construção social.

5ª concepção - A Solidariedade em Diversas Tradições Religiosas

Os caminhos para a divinização ou para a divindade são inúmeros, mas todas as religiões e caminhos espirituais têm algo em comum: o meio mais excelente para se percorrer o caminho até Deus é o amor solidário. A palavra atual mais adequada para traduzir a forma de amor, que as religiões consagraram para expressar esse amor - que é um dom divino a ser desenvolvido por todos -, é a solidariedade. É a mais adequada tradução para a palavra grega "Koinonia" (comunhão), como para o termo "Agapé" (amor gratuito).

A solidariedade não é apenas a ajuda social ou econômica que se dá aos pobres. Isso é necessário. Todas as religiões incluem a esmola em seus mandamentos básicos. Mas, a solidariedade é mais do que isso. É uma corresponsabilidade amorosa entre pessoas e comunidades, entre Igrejas e religiões e mesmo entre povos e nações, em função da justiça e da fraternidade entre os seres humanos.

As grandes religiões tiveram como base a compaixão sentida diante do sofrimento dos pobres. Foi essa a angústia que sentiu o príncipe Sidharta Guatama. O desejo de superar o sofrimento das pessoas o fez renunciar a tudo o que tinha e tornar-se Buda, o Iluminado (século VI A. C.). Eis as instruções de Buda a seus discípulos: "Como um discípulo pode ser perfeito? Eis o caminho: ele deve encher-se de simpatia, benevolência e compaixão para com todos os seres vivos. O discípulo deve olhar a todos os seres, como uma mãe olha um filho doente".

O Corão faz da esmola e da solidariedade um pilar da espiritualidade islâmica. O livro começa dizendo: "Em nome do Deus Misericórdia". Toda mística muçulmana se baseia na misericórdia e na justiça. Em cada festa litúrgica do Islã, é importante prever a ajuda aos pobres.

As tradições religiosas do povo brasileiro expressam pouco esse ensinamento social. Não porque não tenham a solidariedade como base da vida. Há pessoas que assim pensam e as julgam injustamente. O verdadeiro motivo é que tanto as religiões indígenas, como as afro-brasileiras são de tradição oral e se comunicam pelo cântico. Não falam de solidariedade porque se movem numa cultura comunitária e de economia de partilha. Nesse tipo de cultura, existe o pecado como em toda realidade humana, mas o Princípio Solidariedade é um elemento básico no qual a sociedade se constrói. Não fazem um ensinamento da solidariedade como nós não precisamos falar do ar que respiramos. Ou dizer a uma família que deve almoçar diariamente. Não precisamos fazer disso um mandamento e sim um direito de todos.

6º Concepção - A Solidariedade na Tradição Bíblica[4]

Desde o começo, a Bíblia identifica Deus com o ser humano. Na primeira página do Gênesis, redigida em um momento no qual o povo de Deus era dominado e escravizado por estrangeiros, o Senhor diz: "Façamos o ser humano á nossa imagem e semelhança" (Gn 1, 26). É essa ótica a partir da qual o povo de Deus lê os fundamentos da sua vida. A Caim que desejava lhe agradar oferecendo sacrifícios, o Senhor pergunta: "O que fizeste do teu irmão?" (Gn. 4, 9- 10). O essencial era o cuidado com o irmão e não o culto.

As tradições patriarcais sublinham como os patriarcas praticavam a solidariedade. A história de Israel é marcada pela aliança (a intimidade de Deus). De acordo com a Bíblia, a aliança foi um ato gratuito de Deus. Ele a realizou dentro do processo de libertação de Israel da escravidão do Egito e no âmbito da conquista da terra. Não se pode separar a aliança de Deus e a

4 Não destacamos aqui a Bíblia por considerá-la superior a outras tradições espirituais e sim apenas por ser a fonte das tradições religiosas mais enraizadas na cultura do nosso povo.

preocupação com a liberdade do povo. Antes de tudo, Israel viveu uma "aliança no Senhor". A aliança era entre as tribos para se libertarem. Deus-Amor era fiador, garantia da aliança sócio-política das tribos. De acordo com alguns textos bíblicos, escritos depois do tempo da dominação da Babilônia (século VI- V), no Sinai, Deus ofereceu ao povo a possibilidade de que essa aliança social de solidariedade entre as tribos se tornasse aliança com o próprio Deus (Cf. Ex. 19- 20). Isso significa que a base da aliança com Deus (isto é, da espiritualidade) é a aliança em Deus, isto é, a solidariedade e a busca da justiça. Por isso, a aliança com Deus acarreta uma lei de justiça e solidariedade social. Basta citar como exemplo, como a lei bíblica cuida especialmente da proteção das pessoas migrantes, sem-terra e órfãs. Os textos são claros: "Não firas o direito dos pobres" (Ex. 23, 6). "Não haja ninguém carente no meio de vocês" (Dt. 15, 3). "Sejam santos como eu sou santo. (...) Não oprimam quem é pequeno, não marginalizem a pessoa migrante e estrangeira" (Lev. 19).

Na época em que o povo de Israel corria o risco de esquecer essa base social da lei de Deus, os profetas insistiam que "de nada adianta o culto se não se basear na justiça e na solidariedade com os pobres" (Am. 5, 5- 7; Is 1, 10- 17; 58; Jr 7, Os 2, 16- 21 e outros).

É essa a escola espiritual de Jesus do qual os Atos dos Apóstolos dizem: "Passou por essa vida fazendo o bem" (At 10).

Assim que saiu do batismo e das tentações do deserto, conforme Lucas, Jesus foi para Nazaré onde se havia criado e na sinagoga, leu o texto do 3o Isaías: "O Espírito do Senhor está sobre mim e me enviou para curar os doentes, libertar os prisioneiros e dar aos oprimidos a boa notícia da sua libertação". Depois, fechou o livro, olhou para os que estavam presentes e disse: "Hoje, cumpre-se esta palavra que vocês acabaram de ouvir" (Lc 4, 16- 21).

O Espírito de Deus desce sobre Jesus e a conseqüência disso é fazer de Jesus um homem para os outros: **uma testemunha da solidariedade e da misericórdia**. Seguir o Cristo é viver a misericórdia como princípio de vida (Cf. Lc 10, 25- 37). "Em Mateus 25, Jesus se identificou com os pobres. Os pobres são as 'personae' de Jesus. Portanto, o relacionamento de alguém com Deus é expresso em seu relacionamento de solidariedade com os pobres. A opção pelos pobres, expressão concreta da solidariedade, é um aspecto estrutural, coletivo, transformador e libertador do Evangelho. É o que Paul Ricoeur chama de "amor de relações amplas" e Comblin denomina de "macro-caridade". Essa solidariedade não é apenas um sentimento, mas deve se tornar organização nova de uma vida partilhada para todos.

CONCLUSÃO: O MOSAICO DA SOLIDARIEDADE

Como vimos, as diversas concepções de solidariedade não são e não podem ser excludentes. Mesmo a mais primária e incompleta como a solidariedade assistencial, às vezes, é emergencial e necessária. Elas se completam no espírito do que se diz o processo dos fóruns sociais mundiais:

- é preciso pensar globalmente e agir localmente. É necessário desenvolver uma profunda consciência planetária em ações que, embora não sejam ou não se restrinjam somente ao nível local, não pode pular esta etapa, e é a partir dela que se constrói efetivamente;
- é cada vez mais urgente constituir redes e cadeias que se completem no serviço solidário ao povo. Dom Pedro Casaldáliga, na altura dos seus mais de 80 anos, repete sempre: "A solidariedade é no plano dos povos e dos grupos o que a ternura e o carinho são no nível das relações interpessoais".

CAMINHOS PARA A TRANSFORMAÇÃO

A humanidade evoluirá pela percepção de que o caminho pode ser percorrido com a alegria de servir, de cooperar e de apoiar-se mutuamente e, principalmente, de socorrer os menos favorecidos. Um caminho percorrido com prazer, em sintonia com as leis universais de harmonia, energia e sabedoria cósmicas. Esse caminho se faz com a utilização da sábia e poderosa energia do amor.

Para o alcance deste patamar de inclusão produtiva, além das atuações de natureza filosófica, espiritual e de valores humanistas – essenciais –, providências de ordem material precisam ser adotadas. Neste contexto, cabe principalmente ao Estado, as empresas privadas – que hoje, muitas vezes tem maior poder do que o Estado - , e à sociedade civil organizada, adotarem providências para que isto aconteça. Sinalizamos, dentre outras:

a) Dar efetividade à educação para todos, inclusive e especialmente a educação de base;

b) Reestruturar o conceito de responsabilidade social das empresas, através de normas legais adequadas aos diferentes tamanhos e atividades. Certamente, muitas pequenas empresas precisam ser apoiadas. Ao contrário, empresas gigantescas, grandes corporações, devem ter um compromisso social mais abrangente e não apenas uma atuação de marketing empresarial com recursos destinados aos impostos. As grandes corporações de hoje são, muitas vezes, muito mais poderosas do que os Estados. Felizmente,

> existem aqueles que, como os "vaishias" da cultura bramânica, são empreendedores que têm a capacidade de criar riqueza e distribuir riqueza, alcançando o aperfeiçoamento espiritual através da atuação produtiva.

Seguramente, as soluções baseadas em violência são um equívoco. As trevas só poderão ser vencidas com a luz. A ignorância só poderá ser vencida com a sabedoria; a insensibilidade só poderá ser vencida com o desenvolvimento da sensibilidade e da amorosidade; a maldade só poderá ser vencida pelo amor; o egoísmo só poderá ser vencido pelo altruísmo; a inércia só poderá ser vencida com a energia positiva; a descrença só poderá ser vencida com a fé. O caminho da construção de um mundo novo de solidariedade, de cooperação, de amor, de fraternidade, só poderá ser construído exatamente com a utilização desses mesmos valores. Com a sábia e poderosa energia do amor se construirá uma união planetária, onde todos os povos, todos os seres humanos, atuarão e celebrarão juntos, de mãos dadas, em comunhão, reconhecendo a sacralidade da vida.

—— CAPÍTULO III ——

DA ASSISTÊNCIA EMERGENCIAL À AUTOSUSTENTABILIDADE

A alimentação, a moradia digna e os cuidados com a saúde são direitos humanos reconhecidos pela ONU já em 1948. Fazer do combate à fome e à miséria uma política de Estado é reconhecer o direito de todos os brasileiros à segurança alimentar, segurança de habitação e de saúde.

É extraordinária a atuação governamental no sentido de garantir que todos os brasileiros possam "comer três vezes ao dia", na expressão do Presidente Lula. Merece aplausos entusiásticos o governo brasileiro pelo trabalho de assistência social que vem desenvolvendo. Não se trata de assistencialismo, mas de assistência emergencial necessária que deve incluir no seu bojo as condições para a autonomia e as condições de independência das pessoas ajudadas e, neste sentido, culminar na promoção da dignidade humana.

Em entrevista concedida pelo Ministro Patrus Ananias à TV SUPREN, da União Planetária, ele declarou que está prevista a eliminação da miséria absoluta em todo o território nacional, desde que seja mantida a política de socorro às populações carentes.

Mais uma vez, o nosso aplauso ao Governo Federal. Todavia, queremos nesse estudo ir um pouco mais além. Queremos saber como será possível vencer a fase importante, insubstituível, indeclinável da assistência emergencial, para alcançar a fase posterior indispensável: da auto-sustentabilidade de todos os cidadãos brasileiros.

Por sua complexidade, certamente a questão merece muitas análises, muitas respostas e muitas sugestões.

A questão nos parece ter como elemento fundamental de análise a resposta à seguinte pergunta: o que fazer para que todos os cidadãos possam ter retos meios de vida? O que em outras palavras significa: como ter emprego ou ainda como ter atividade produtiva, autônoma ou não, e recursos lícitos para viver com dignidade?

A pergunta pode parecer simples, mas a resposta certamente é altamente complexa. A partir dessa pergunta, temos outra: qual é o papel do Estado para possibilitar que os cidadãos tenham atividade produtiva, seja como empregados, como trabalhadores autônomos, como parceiros, como cooperados, empresários, sócios, etc, que permitam uma subsistência condigna? Cremos que nessa pergunta vamos encontrar o núcleo central para uma correta solução da questão.

A nossa sociedade se organizou, fundamentalmente, em dois modelos distintos: um do liberalismo econômico e outro do intervencionismo do Estado. É visível que no neoliberalismo econômico – em que o Estado permanece como expectador na luta de interesses – forjou-se uma sociedade desumana, egoísta, com o bem-estar de uns e com o abandono de outros, com incluídos e excluídos do processo social. Por outro lado, nas sociedades de intervenção estatal tivemos como resultado a absurda supressão das liberdades, a imposição estatal, o aproveitamento por uns da estrutura de Estado, e o abandono e exclusão daqueles que não são simpatizantes do modelo.

Pode-se dizer que a solução está no meio: o estado do "bem-estar social" (welfare state). Este modelo teve grande aceitação no continente europeu, onde, atualmente, está perdendo força. Certamente que o estado do "bem-estar social" é um modelo avançado, mas a questão merece ser examinada com profundidade.

Na Europa, em especial, onde houve uma forte atuação pelo estado do "bem-estar social", ele na verdade, redundou num grande equívoco, que foi o de tratar os desempregados, os necessitados e os desafortunados, como carecedores de "assistência social". Como já mencionado, é importante, é fundamental essa assistência social, mas o que se busca em nosso estudo é como construir uma sociedade mais justa, onde não haja necessidade de assistência social.

A resposta é relativamente simples: o Estado tem obrigações para com os cidadãos; o Estado não pode ficar como assistente no conflito de classes; o Estado tem que intervir. E essa intervenção tem sido feita, primeiro através da própria assistência social, depois através de uma legislação trabalhista, protegendo os trabalhadores e finalmente através de entidades que atuam no sentido da capacitação profissional, além de todo o trabalho na área educacional.

Mas, certamente, é essencial que se faça um trabalho no sentido de garantir o direito a retos meios de vida. E este direito implica em acesso à educação integral, incluindo os valores humanos universais, ao trabalho e ao lazer, que é o espaço do conviver, do interagir, do despertar do ser integral e da espiritualidade. Com este tripé assegurado – educação, trabalho e lazer –, o indivíduo conquista sua emancipação plena, realizando a sua cidadania planetária.

Todas as pessoas devem ter condições mínimas que permitam existência digna. O Estado não pode ficar alheio a essas necessidades, até que o indivíduo conquiste sua plena emancipação, principalmente pela atividade e pela educação.

Certamente, existem milhares de condições que podem ser instituídas pelo Estado para o atendimento dessa necessidade básica, essencial, de que todos tenham direito - em uma estrutura social sabiamente organizada - a terem retos meios de vida.

Dentre as inúmeras opções, uma delas seria que o Estado estimule, apoie e facilite a organização de cooperativas, onde todos os seus integrantes estarão trabalhando para si próprios, para o conjunto, o que permitirá, inevitavelmente, um maior entusiasmo pelo trabalho, pela realização do empreendimento e pela auto-realização pessoal.

A organização da força criativa e produtiva ociosa em genuínas cooperativas, com o apoio do Estado, afigura-se como uma das formas perfeitas para a promoção da inclusão social - tirando pessoas da miséria, através da criação de condições de trabalho condigno - , proporcionando ao cidadão "retos meios de vida". É um dos caminhos viáveis de transposição da escala do assistencialismo para a auto-sustentação.

A ATIVIDADE COMO CAMINHO DA AUTO-REALIZAÇÃO

Os seres humanos têm como natureza a atividade. Quando o ser humano é colocado em condições de atuar na atividade de sua vocação, não há trabalho – no sentido de peso –, há envolvimento, dedicação, alegria, bem-estar e, como conseqüência, o possível resultado econômico. Este bem estar permite ao cidadão viver pacífica e ordenadamente em sociedade.

Como o homem, notadamente nas sociedades subdesenvolvidas, trabalha naquilo que encontra – quando encontra trabalho – a sua atividade, na maior parte das vezes, não tem qualquer identificação com a sua natureza interna, representando, quase sempre, uma carga, um ônus, um tormento, uma fonte de stress e um fator de desequilíbrio interior.

Existem diversos tipos de temperamentos humanos, estando cada um deles identificado com um determinado tipo de atividade.

A grande educadora Dra. Maria Montessori afirma que a criança movida por seu próprio interesse escolhe a atividade que quer executar com o variado e muito atraente material didático que se encontra na sala de aula. Montessori diz que esta atividade muitas vezes leva a criança à concentração de uma maneira tão intensa, que não só aprende os ensinamentos necessários como também se harmoniza interiormente, transformando-se em uma criança feliz. Através do trabalho voluntário e consciente, surgem crianças bem estruturadas psicologicamente, seguras, preparadas, cuidadosas e responsáveis, pois se identificam com sua atividade e amam o que fazem.

De igual modo, o homem que executa um trabalho deixando-se absorver inteiramente por ele - em concentração absoluta e totalmente identificado com a sua obra - , harmoniza-se interiormente, extravasa sua energia criadora, a vida interior, transformando-se num homem feliz, realizando-se social e espiritualmente.

Assim poderá o homem encontrar a realização espiritual através da atividade, laboral ou artística, a qual, ao invés de representar uma sobrecarga, um sacrifício, um peso, representará um deleite, uma satisfação, um caminho de realização espiritual. Eis que a natureza interna do homem é a ação.

Tal afirmação está num dos ensinamentos mais antigos apresentados pelo Hinduísmo, ou Bramanismo, através dos múltiplos caminhos de perfeição. O Bhagavad-Gita, o Cântico do Senhor, livro sagrado do Hinduísmo, apresenta os diversos caminhos que levam o homem à libertação, à realização espiritual. Destes caminhos destaca-se a Karma-Yoga, que é exatamente o processo de identificação com a nossa natureza interior através da atividade, da criação, do trabalho. No Bhagavad-Gita encontramos:

> *"Cumpra a ação correta; pois que a ação é superior a inação, e nem mesmo a manutenção do teu corpo seria possível na inatividade".*

> *"Portanto, sem apego, executa constantemente a ação que é dever, pois, executando a ação sem apego, é que o homem, verdadeiramente, alcança o Supremo".*
>
> *"Janaka e outros realmente atingiram a perfeição pela ação. Assim, pois, com os olhos fitos no bem do mundo, deves tu também cumprir a ação".*
>
> *"Assim como o ignorante atua pelo apego a ação, ó Bharata, assim deverá o sábio agir sem apego, por desejo do bem estar do mundo".*

Segundo o Hinduísmo, o caminho do Karma-Yoga nos ensina que é melhor a atividade do que a inação. Que a princípio o homem tende à inação, mas carregado pelas próprias necessidades é levado à ação. Que, posteriormente, o homem se torna excessivamente ativo, precipitando-se em todas as direções, movido pelo desejo de alcançar os frutos da ação. Depois, verifica o homem que os frutos da ação também não o satisfazem e procura retornar à inação, mas também não encontra felicidade. Aprende, então, o homem, que deve mudar o motivo que o move. Aprende, ainda, que deve trabalhar sem estar ligado aos resultados.

> *"Não sejas movido pela esperança do resultado da ação, nem tão pouco permaneça na inação".*
>
> *"Tão bem equilibrado no êxito como no fracasso, este equilíbrio se chama Yoga" (Bhagavad-Gita).*

Finalmente, aprende o homem que deve participar do processo de evolução, colaborando com todas as criaturas, passando a praticar os seus atos em benefício da coletividade.

> *"A vida nos conduz pelas ações, a menos que estas sejam cumpridas como um sacrifício".*
>
> *"O eu disciplinado que se move no meio dos objetos sensíveis, livre dos sentidos, de toda a atração e de toda repulsão, que é dominado pelo Eu, marcha para a Paz..." (Bhagavad-Gita)*[5].

Assim, o trabalho pode ser considerado de maneiras múltiplas, conforme o ângulo em que nos encontremos: como uma pena, como um castigo; como um produto de valor, como um produto de coisas úteis; como mola de progresso e de civilização; como um dever social ou religioso; e como uma das maneiras de realização pessoal e espiritual.

Para que se transforme em uma das maneiras de realização

5 BESANT, ANNE *Bhagavad-Gita – A Canção do Senhor* – Editora Teosófica, 2005.

pessoal e espiritual, é fundamental que o homem possa exercer uma atividade digna, de acordo com as suas inclinações e talentos pessoais. Nessas condições ele dará o melhor de seu esforço e alcançará a perfeição em todos os seus atos, através de uma concentração absoluta e da identificação natural com a sua obra. Aí, então, o homem se harmoniza interiormente, extravasa sua energia criadora, sua vida interior, transforma-se em um homem feliz e se realiza plena e espiritualmente, identificado com a própria energia criadora do Universo.

É imprescindível que se possa oferecer, a cada ser humano, as condições externas que possibilitem essa realização através da atividade – laboral, artística, intelectual, educacional, etc - e esse atendimento permitirá, simultaneamente, eliminar a exclusão e a miséria existente no mundo atual.

Na Carta Magna de 1946, que representa um dos preceitos basilares de uma perfeita organização social, havia o seguinte postulado: "É assegurado a todos, trabalho que possibilite existência digna".

Depois do postulado enunciado no art. 1º de nossa Constituição de "que todo o poder emana do povo e em seu nome será exercido", esse que declarava que "é assegurado a todos, trabalho que possibilite existência digna" representa, sem dúvida, o mais alto preceito fixado na Carta Magna de 1946. Infelizmente, não reproduzido na Constituição de 1988.

Pode-se afirmar que os males sociais e morais, em sua maioria, se originam na ausência de atividade que possibilite a existência digna do cidadão. Se os cidadãos não têm oportunidade de inserção no processo produtivo, que lhe assegure existência digna – sendo marginalizados das práticas sociais - teremos como consequência natural o aumento do número de hospitais, de efetivo policial e de penitenciárias. É um círculo vicioso: se não oferecer meios de subsistência digna à coletividade, o Estado terá que despender verbas em hospitais, em polícia, em penitenciárias, etc.

O indivíduo que encontra espaço para externar as suas potencialidades, será simultaneamente um agente positivo social e terá a sua realização pessoal e espiritual. Todo o cidadão quer exercitar os seus talentos. Mas para isso, é preciso que se ofereça, a todos, legítimos meios de subsistência.

Numa visão espiritualista "o forte deve trabalhar para o fraco. Não tendo este família, a sociedade deve fazer às vezes desta. É a lei de caridade. Não basta se diga ao homem que lhe corre o dever de trabalhar. É preciso que aquele que tem de prover à sua existência por meio do trabalho encontre em que se ocupar, o que nem sempre acontece. Quando se generaliza, a suspensão do trabalho assume as proporções de um flagelo, qual a miséria. A ciência econômica procura remédio para isso no equilíbrio entre a produção e o consumo. Mas, esse equilíbrio, dado seja possível estabelecer-se, sofrerá sempre intermitências, durante as quais não deixa o trabalhador de ter que viver. Há um elemento, que se não costuma fazer pesar na balança e sem o qual a ciência econômica não passa de simples teoria. Esse elemento é a educação, não a educação intelectual, mas a educação moral. Não nos referimos, porém, à educação moral pelos livros e sim à que consiste na arte de formar os caracteres, à que incute hábitos, porquanto a educação é o conjunto dos hábitos adquiridos. Considerando-se a aluvião de indivíduos que todos os dias são lançados na torrente da população, sem princípios, sem freio e entregues a seus próprios instintos, serão de espantar as conseqüências desastrosas que daí decorrem? Quando essa arte for conhecida, compreendida e praticada, o homem terá no mundo hábitos de ordem e de previdência para consigo mesmo e para com os seus, de respeito a tudo o que é respeitável, hábitos que lhe permitirão atravessar menos penosamente os maus dias inevitáveis. A desordem e a imprevidência são duas chagas que só uma educação bem entendida pode curar. Esse ponto de partida, o elemento real do bem-estar, o penhor da segurança de todos."[6]

Que cada cidadão tenha assegurado espaço para o exercício de suas potencialidades, que lhe possibilite existência digna. Com isto, a pátria marchará em passos céleres para o progresso, para a paz social.

---

6 O Livro dos Espíritos - Allan Kardec - Filosofia Espiritualista - Editora Federal Espírita Brasileira - pag.407

DO INDIVIDUAL AO COLETIVO

Filósofos de todos os tempos nos têm ensinado que a reforma da humanidade depende fundamentalmente da reforma de cada um de nós. Krishnamurti enunciou o conceito de que ***"o problema individual é o problema coletivo"***.

O homem, com seu caráter, é a base da humanidade. A sociedade é o que são os seus componentes. Se as unidades que a formam são carentes de virtudes, o todo também o será. Enquanto os homens forem egoístas, procurando em suas vidas satisfazer única e exclusivamente os seus desejos pessoais, pouco se importando com o bem estar, a felicidade ou a tristeza de seus semelhantes, não teremos uma pátria grandiosa, nem será possível a união entre as nações.

O Estado não deve ser uma fria abstração, mas sim uma vida coletiva vibrante e transbordante de energia, a ser amado e servido apaixonadamente e com entusiasmo.

Já na Grécia Antiga Pitágoras ensinou em um discurso pronunciado na colina de Tauromenion que "o governo existe somente para o bem dos governados", conceito que foi repetido durante séculos por quantos procuraram melhorar as condições sociais do homem. Em outro discurso pronunciado na colina de Naxos, o grande filósofo concluiu com as seguintes palavras:

> *"Ouçam, meus filhos, o que o Estado deveria ser para o bom cidadão. É mais do que pai e mãe e mais do que filho ou amigo. O Estado é o pai e a mãe de todos; é o protetor de todos, sem o qual o lar seria assolado e destruído. É do Estado que promana tudo quanto torna vossa vida próspera e vos proporciona beleza e segurança. Se o homem bravo morre de boa vontade em defesa do que é seu, com maior boa vontade ainda deveria morrer em defesa do Estado".*

Esse é o ideal que deveríamos sentir como participantes de nossa sociedade. Devemos servir ao nosso país, melhorando os costumes e as leis, levando a educação, por igual, a todos os seus filhos e tornando a nossa pátria livre, feliz, próspera e grandiosa.

Mas nenhum Estado é verdadeiramente civilizado se nele a riqueza e a cultura de uns poucos se baseiam na miséria e ignorância da maioria. Um dos nossos mais prementes deveres é o de elevar as condições das massas populares de nosso país, de maneira que se generalize, em nosso meio, a compreensão do que significa ser cidadão de um país livre.

Buscando este grande ideal, pensemos em nossa pátria como nosso grande lar, querendo-a próspera, livre de endemias, da pobreza, da ignorância e da miséria. Façamos que o lema da grande pensadora Annie Besant, ***"quanto mais elevadas sejam as aspirações nacionais, mais poderosa se torna a nação"***, se transforme numa realidade em nossas vidas e em nossa pátria.

A TRANSFORMAÇÃO INDIVIDUAL

A transformação do mundo, a superação de suas dificuldades e a conquista de um mundo de fraternidade depende da transformação individual e da atuação de toda a humanidade.

A Carta da Cidadania Planetária (1º Fórum Espiritual Mundial – Brasília – dezembro de 2006, encabeçado pela União Planetária) fixou com precisão (fls. 103/110):

> *"O mundo somos nós, seres cósmicos. Assim sendo, temos o poder de transformá-lo em um mundo melhor. [...] Queiramos ou não, somos inexoravelmente responsáveis pelo mundo que temos, por ações ou omissões... Cada um de nós é um elo da corrente que une todas as criaturas.* ***É preciso criar a consciência coletiva da responsabilidade individual****, [...]."*

Concluindo, referida Carta:

> *"Consciente de que a edificação de uma sociedade justa* ***depende da transformação***

individual de cada ser humano*, comprometo-me a atuar – com amor, inteligência e solidariedade – empenhando o melhor de minhas capacidades e habilidades para a construção de uma sociedade livre, igualitária, fraterna, buscando proteger a vida planetária e construir uma organização social justa e digna, reconhecendo que minha família é a humanidade e que estou irmanado com todos os seres viventes".*

DESPERTANDO O ENTUSIASMO PELA CAUSA DA HUMANIDADE

É sempre fundamental ir às causas, entender as raízes dos problemas para poder dissipá-los.

Fica muito claro que existe um mesmo fio condutor responsável por todos os males da sociedade humana, sintetizado em uma palavra: **"insensibilidade"**. O desamor pela nossa família humana é o grande responsável pelos problemas existentes.

Há outros fatores também importantes, mas que seriam superados se houvesse, em cada um de nós, o sentido real de humanidade. Entre esses outros fatores podemos mencionar o egoísmo, o comodismo, a ganância, a falta de generosidade, o desinteresse e a descrença na possibilidade da resolução dos problemas existentes.

Sem acreditar na possibilidade da transformação ela fica verdadeiramente inviável.

Entusiásticos são os trabalhos em defesa de direitos humanos, sem que a mesma energia seja despendida no fortalecimento dos deveres humanos que, sobretudo, são em relação aos demais seres que compõem a humanidade e o planeta terra.

Cumprindo sua missão institucional, a União Planetária tem dedicado muito dos seus esforços no sentido de contribuir para a mudança de valores humanos. Em um de seus documentos ressalta que:

> *"O mundo somos nós, seres cósmicos. Assim sendo, temos o poder de transformá-lo em um mundo melhor. A vida é regida por leis cósmicas confiáveis, o que nos permite agir com segurança para a mudança da vida planetária. Há uma perfeita e dinâmica correlação entre causa e efeito. Queiramos ou não, somos inexoravelmente responsáveis pelo mundo que temos, por ações ou omissões. Como ativistas da paz, haveremos de criar uma massa crítica que permita estabelecer novos paradigmas.*

> *Cada um de nós é um elo da corrente que une todas as criaturas. É preciso criar a consciência coletiva da responsabilidade individual atuando para substituir o egoísmo pelo altruísmo, o individualismo pela solidariedade, o consumismo pela simplicidade, o Ter pelo Ser, o materialismo pela espiritualidade".*

A síntese é que, quando os valores humanos estão alicerçados na cobiça, no individualismo e no levar vantagem, a sociedade humana assume essas características; quando, ao contrário, os valores humanos forem de altruísmo, do apoio mútuo, da ternura e da solidariedade, a sociedade humana assumirá também essas características.

Então vem a grande pergunta: como mudar os paradigmas vigentes de individualismo, de egoísmo para paradigmas altruístas?

Alguns humanistas e pensadores nos deixaram ensinamentos valiosos: M. Gandhi teria dito: ***"Seja você a mudança que quer ver no mundo"***. J.Krishnamurti, indagado como a mudança individual poderia influenciar no coletivo, teria respondido: ***"Mude e verá que o mundo não será mais o mesmo"***.

As ciências sociais nos ensinam que as civilizações se

transformam pela imitação e pela sugestão. Se assim é - e nos parece correta a indicação desses cientistas – precisa-se difundir e divulgar na sociedade humana exemplos de atuações altruístas, estimulando, sugerindo, indicando para as pessoas que o mundo tem jeito, que milhares são os exemplos de "verdadeiros heroísmos" de muitos que têm dedicado suas vidas ao bem coletivo.

O trabalho feito na televisão pela União Planetária, mesmo sendo uma pequena contribuição, dirige-se ao cerne do problema humano: oferecer, estimular e proporcionar a percepção de que toda a humanidade é uma grande família e assim deve ser tratada e considerada. Todos os excluídos - os mendigos, as prostitutas, os marginais - são nossos irmãos e fazem parte de nossa família humana. É preciso ser reconhecidos socialmente em suas distintas fases de evolução: é a saga da alma em sua trajetória evolutiva. É preciso oferecer-lhes oportunidade de auto-crescimento.

Daí surge o trabalho mais importante a ser feito: sensibilizar, transformar mentes e corações, buscar parcerias que atuem - no âmbito de suas atividades - adotando o comprometimento com a construção de um mundo novo, atuando para eliminar as raízes da miséria.

Para isso é essencial desenvolver o ***"entusiasmo"*** (do grego - estar possuído de Deus) pela causa da humanidade:

> *"Eu, pela elevação dos alvos meus, de súdito mais vil mudo-me em Deus"* (Deo gli eroici furori – Giordano Bruno)

Certamente é preciso acreditar no ser humano e ter certeza na possibilidade de mudanças. Certamente é preciso de energia, força, compreensão, paciência e autodomínio, aspectos extraordinariamente presentes na vida do gigantesco Nelson Mandela. Segundo sua biografia, estes valores foram realçados pela leitura frequente do poema vitoriano, de William Ernst Henley.

INVICTUS

Do fundo da noite que me envolve
Escura como o inferno de ponta a ponta
Agradeço a qualquer Deus que seja
Pela minha alma inconquistável

Nas garras do destino
Eu não vacilei nem chorei
Sob as pancadas do acaso
Minha cabeça está sangrenta, mas ereta

Além deste lugar tenebroso
Só se percebe o horror das trevas
E ainda assim, o tempo,
Encontra, e há de encontrar-me, destemido

Não importa quão estreito o portão
Nem quão pesados os ensinamentos
Eu sou o mestre do meu destino
Eu sou o comandante da minha alma.

Que possamos realizar, em nossas vidas, a plenitude da amorosidade, com o compromisso de aliviar o pesado sofrimento da raça humana, como expresso pela pensadora russa H.P.Blavatsky[7]:

> *"Que tua Alma dê ouvidos a todo grito de dor, assim como o lótus abre seu coração para absorver o sol da manhã.*
>
> *Não deixeis que o Sol penetrante seque uma só lágrima de dor, antes que tu mesmo a tenhas enxugado no olho daquele que sofre.*
>
> *Mas deixe que cada lágrima humana fervente caia no teu coração e ali permaneça, e não a seques até que a causa da dor tenha sido removida".*

O escritor José Saramago, Prêmio Nobel de Literatura, escreveu:

> *"...Sobretudo, temos de ter um sentimento de responsabilidade coletiva, segundo o qual cada*

---

7 A Voz do Silêncio, H.P Blavatsky, Editora Teosófica, 2005.

> *um de nós será responsável por todos os outros", "... a prioridade absoluta tem de ser o ser humano. Acima dessa não reconheço nenhuma prioridade".*

Com sabedoria e amorosidade, haveremos de **criar e fortalecer a consciência coletiva da responsabilidade individual.**

—— CAPÍTULO IV ——

A RETA SEMEADURA – O CAMINHO DA COMPAIXÃO

Na história da humanidade, seres dos mais admiráveis – Santos, Sábios e Heróis – têm expressado suas santidades, sabedorias e heroísmos com vivências, ensinamentos e ações voltadas para o bem da humanidade. Todos eles – por atos, palavras e pensamentos – sempre mostraram que o caminho da paz se faz com compaixão, com abnegação e com verdadeiro heroísmo – o heroísmo que salva e não o que mata.

Um dos maiores ensinamentos do Cristianismo nos foi legado por São Paulo, em sua carta número um aos Coríntios:

> *"Ainda que eu falasse a língua dos anjos, se eu não tivesse amor, seria como sino ruidoso ou como címbalo estridente.*
>
> *Ainda que eu tivesse o dom da profecia, o conhecimento de todos os mistérios e de toda a ciência. Ainda que eu tivesse toda a fé, a ponto*

> *de transportar montanhas, se não tivesse amor, eu nada seria" (1 Cor 13).*

No campo político social também encontramos seres que, por suas posturas, demonstraram ter plena consciência do verdadeiro caminho a ser trilhado para se encontrar a paz mundial. No decorrer da segunda guerra mundial, Roosevelt, extraordinário estadista, um dos poucos governantes que salvaram o mundo de uma hecatombe, elencou aspectos humanitários e políticos essenciais a organização social. As ideias de Roosevelt influenciaram, sobretudo, a liberdade civil e política. Enunciou, então, a sua famosa doutrina das quatro liberdades, assim se expressando no Congresso Americano, em janeiro de 1942:

> *"Temos que buscar, em dias futuros, cuja segurança ansiamos, um mundo que se baseie em quatro liberdades humanas essenciais:*
>
> *A primeira é a liberdade de expressão e de palavra – em todas as partes do mundo.*
>
> *A segunda é a liberdade de cada qual adorar a Deus à sua maneira – em todas as partes do mundo.*
>
> *A terceira é a liberdade ou a libertação da miséria – o que, traduzido em termos universais, significa um entendimento econômico, que*

> *permita assegurar, em cada Nação, uma vida saudável e pacífica aos seus habitantes – em todas as partes do mundo.*
>
> *A quarta é a liberdade ou libertação do temor – que em termos universais significa uma redução mundial dos armamentos, a tal ponto e de tal maneira completa, que nenhum país possa achar-se em posição de cometer ato de agressão física contra seus vizinhos – em nenhuma parte do mundo.*
>
> *As quatro liberdades são tão essenciais para o homem como o ar, o sol, o pão e o sal. Privá-lo dessas liberdades significa a morte; e se o despojarem de parte delas, parte dele perece.*
>
> *Dai-as em medida abundante e completa e o mundo há de cruzar o umbral de uma idade nova, a maior idade do homem."*

No Brasil, as forças armadas tem colocado a sua inteligência a serviço da paz social. As Forças Armada executam um trabalho social excepcional pelo bem do povo brasileiro. Em primeiro lugar, as forças armadas ou estão a serviço do povo brasileiro de uma forma muito expressiva e inteligente ou estão como forças de paz da ONU, trabalhando pela paz mundial. As Forças Armadas brasileiras atuam como protetoras de nossa soberania e atuam de forma inigualável a favor das classes mais pobres. Milhares de crianças e adolescentes são acolhidos pelas Forças Armadas nos programa "**Força no Esporte**" e no programa "**2º Tempo**". Trabalho extraordinário, por exemplo, como a manutenção de navios-hospitais nos rios da Amazônia, dentre outros. Lamentavelmente não se divulga o trabalho extraordinário que fazem com os nossos jovens.

Também merece citar a história da União Européia, que é uma experiência que precisa ser observada. Ao longo de milênios os europeus vinham se enfrentando em guerras intermináveis. Guerra dos 100 anos, guerra dos 30 anos. Guerras de franceses contra ingleses, de espanhóis contra ingleses, de austríacos contra italianos, de alemães contra austríacos, de poloneses contra russos, de russos contra alemães. Guerras e mais guerras. Some-se a isso as duas guerras mundiais, com muitos milhões de mortos e incalculáveis recursos despendidos estupidamente.

Pois bem, parece que os europeus aprenderam a sua lição. Estabelecida pela compreensão, e não pelas armas, temos uma União Européia. Ressalvadas poucas exceções, os europeus vivem em paz.

O mundo, no entanto, ainda vive situação similar ao passado Europeu. Segundo a **Revista Aventuras na História**, edição 32, de dezembro de 2009, uma publicação da Editora Abril, com o título de "GUERRAS ATUAIS", no ano de 2008 o mundo gastou 1 trilhão e 500 bilhões de dólares na manutenção de forças armadas militares, sem inclusão nesses cálculos de forças de segurança interna, onde os Estados Unidos aparece com 41,5% desse valor e é apontado como os maiores vendedores de armas.

Ou seja, em sua globalidade, no ano de 2008, foram gastos:

$1.500.000.000.000,00 (um trilhão e meio) de dólares anuais;

$4.100.000.000,00 (quatro bilhões e cem milhões) de dólares por dia;

$170.000.000,00 (cento e setenta milhões) de dólares por hora;

$2.850.000,00 (2 milhões e oitocentos e cinquenta mil) de dólares por minuto;

Observe-se que nesses custos não estão as sequelas das guerras: os hospitais, o atendimento permanente físico e psicológico dos feridos. Sem contar também as vidas perdidas, estas de valor incalculável.

Quando a humanidade tiver alcançado o convívio fraterno e a paz mundial, onde todos os países, todos os povos se relacionem como irmãos, não haverá necessidade do dispêndio de recursos tão significativos em armas e em guerras.

Com um trilhão e meio de dólares ao ano, quase dois trilhões e meio de reais, é possível se fazer muito para o bem da humanidade. Investindo-se, por exemplo, $5.000.000,00 (cinco milhões de dólares) para a construção de uma escola, poderiam ser construídas 260.000 (duzentos e sessenta mil) escolas por ano (em média, as nossas escolas são construídas com importâncias infinitamente menores); ou ainda: se fossem construídos hospitais utilizando em média $50.000.000,00 (cinquenta milhões de dólares) em cada um, teríamos 26.000 (vinte e seis mil) hospitais por ano.

Certamente uma civilização que direciona gigantescos recursos para a guerra, para uma economia de mercado assentada em produções bélicas – em detrimento as causas sociais e humanitárias - pode não ter um futuro muito feliz.

Na catástrofe do Haiti, em 2010, a generosidade do mundo se fez presente levantando pouco mais de 1 bilhão de dólares para socorrer nossos irmãos haitianos (a quarta parte do que é gasto no mundo diariamente com forças armadas). É visível que no dia em que tivermos uma união planetária, assim como agora temos uma União Européia, o mundo não precisará despender fortunas incalculáveis com armamentos bélicos. Neste dia, os recursos poderão estar voltados para socorrer, de forma verdadeiramente significativa, localidade atingida por possíveis catástrofes naturais.

Façamos uma análise retrospectiva das guerras na história da humanidade. Elas tiveram como fundamento principal:

- Expansão territorial;
- Saque;
- Domínio político e econômico;
- Intolerância religiosa;
- Enfrentamento ideológico.

Durante dois séculos, cristãos enfrentaram muçulmanos nas "Guerras Santas" – as Cruzadas – com milhares de mortes, em nome de Deus. Tão grande a ignorância humana que chegaram a fazer Cruzadas com crianças, acreditando que os inimigos seriam vencidos com um exército de "inocentes". Quantas mortes, quanta insanidade para combater um inimigo imaginário!

Durante séculos, milhares de pessoas foram assassinadas pela "Santa Inquisição", em razão de uma crença desumana, negando um dos princípios básicos conquistado pela democracia, que é a liberdade religiosa, a liberdade de pensamento. Mais uma vez, em nome de Deus. Quanta insanidade!

As guerras recentes, ainda no século XX, foram guerras expansionistas, desumanas e insanas. Ainda há poucas décadas tivemos a maior hecatombe global, com a 2º guerra mundial, com mais de 50 milhões de mortos, onde uma das loucas razões era a da superioridade da raça ariana.

Certamente houve uma grande sabedoria dos dirigentes mundiais em atravessar a "guerra fria" sem um enfrentamento direto.

As guerras atuais têm sido justificadas, principalmente, pela necessidade de enfrentar o terrorismo. Inquestionavelmente o terrorismo é uma das piores problemas da humanidade e por isso mesmo precisa ser enfrentado. Todavia, é importante examinar qual é a melhor forma de enfrentar esse problema.

É preciso examinar a questão com profundidade, senão correremos o risco de amanhã sermos classificados como insanos, por não termos sabido atuar corretamente em relação ao problema.

Em primeiro lugar, cremos que é preciso ter muita clareza de duas coisas: a primeira, de que o terrorismo é uma insanidade, uma loucura, que precisa ser debelada; a segunda, de que não existe nenhuma forma realmente saudável de relação humana, de relação de povos, de países, que não seja a relação de solidariedade.

Se duas pessoas forem parar em uma ilha isolada, abandonada, a única forma saudável de convivência é a da solidariedade. Poderia uma delas, matar a outra. Poderiam ficar atirando pedras uma na outra. Poderia uma delas, se submeter à outra. Mas relação saudável só haveria através da amizade, do companheirismo e da solidariedade. Sejam duas pessoas ou 6 bilhões de pessoas, a realidade é a mesma.

No final da 1ª grande guerra mundial, potências européias assinaram o **Tratado de Versalhes**, que colocou fim ao conflito, proibiu o rearmamento alemão, impôs perdas territoriais e estabeleceu pesadas reparações de guerra. A rigor, nesse Tratado foi germinada a semente da 2ª guerra mundial. A Alemanha não tinha como pagar o tributo, o povo foi à miséria, o ódio se instalou e bastou o surgimento de um nacionalista enlouquecido e ensandecido para que fosse criado o palco da 2ª grande guerra mundial.

Terminada a 2ª guerra mundial, os vencedores perceberam o grande equívoco do acordo de pagamento de dívidas de guerra, como feito no término da 1ª guerra e, mudando radicalmente de posição, aprovaram o Plano Marshall, um plano de socorro aos países vencidos, dentro de critérios definidos, especialmente a Alemanha e o Japão. O resultado é visível: Alemanha e Japão fazem parte hoje dos países mais prósperos do mundo e convivem em plena harmonia com os países então vencedores.

Hoje, os Estados Unidos com apoio da Inglaterra, da França e outros países pretendem acabar, pela força, com o terrorismo. A nossa lógica nos diz que o terrorismo não é exatamente uma ideologia que possa ser mudada pela força, sendo, na verdade, uma reação insana do mais fraco contra o mais forte. Certamente, existem aqueles que são terroristas mercenários, por mera ganância, fazendo sequestros e criando guerras para obter resultados financeiros. Autênticos piratas modernos, verdadeiras gangues: uma questão mais complexa, resultado também dos valores humanos equivocados, de colocar interesses econômico-financeiros acima de tudo, acima da dignidade, da moral, da ética e da fraternidade.

A história da humanidade registra inúmeros atos de terrorismo, sempre praticados como vingança, como revide. Por sua própria natureza ele ressurge especialmente quando uma força mais fraca se sente impossibilitada de enfrentar outra mais forte. Assim, nos parece, que é um equívoco se imaginar que, com a eliminação de lideranças inimigas, o terrorismo desaparecerá

Perfeita a colocação feita no artigo "Mais uma matança de inocentes", na revista VEJA, edição 2159, de 7 de abril de 2010, ressaltando:

> *"[...] a civilização é um bem tão valioso quanto frágil e não há idealismo político ou causa que justifique romper suas regras matando pessoas inocentes".*

Contudo, é preciso buscar entender o que se passa na cabeça de alucinados que em ato suicida praticam atos de terrorismo. Entender não para justificar, mas para eventualmente poder mudar, consertar, alterar esse estado de loucura. Qual é a origem do terrorismo afegão? Alguns dirão Bin Laden. Os mais atentos perceberão que se ele for morto, o terrorismo certamente não terminará. São terroristas por vingança, porque estão cheios de ódio. São terroristas porque se sentem atacados. São terroristas porque se sentem mais fracos que seus agressores. São terroristas porque seus familiares foram mortos. São terroristas fundamentalmente porque desenvolveram ódio para com os seus agressores.

Além disso, é sabido que muitos Santos foram assim consagrados exatamente porque deram as suas vidas pela religião: são os Santos Mártires. Suportaram o martírio em nome da religião e por isso foram santificados. Ora, ninguém ignora que a luta entre Israel e Palestina, entre Judeus e Muçulmanos é uma luta com forte contorno religioso, onde o sacrifício do terrorista suicida, além de estimulado, é dentro dos valores de sua comunidade um ato de grandiosidade, de extraordinário significado religioso, como também para o terrorista suicida.

É preciso uma análise mais profunda da questão. Para os Afegãos e os Iraquianos, é ilógico, irracional, desumano, serem bombardeados, alcançando civis, idosos, mulheres e crianças, sob o fundamento de que alguns alucinados derrubaram as

Torres Gêmeas ou ainda sob o fundamento da existência de armas de destruição em massa. Para eles, não tem lógica serem sacrificados e responderem por atos que não praticaram.

É preciso mais do que isso: é preciso a percepção psicológica de que o mal só pode ser vencido pelo bem. Este gigante da humanidade, Nelson Mandela, mostrou ao mundo a atitude correta quando integrou os Africânderes com o povo de seu país, perdoando-os pelo passado de crueldade e demonstrando o correto comportamento de um ser humano e de um dirigente de um país: de fraternidade, mesmo para com aqueles que foram seus opressores. Só a luz pode vencer as trevas, só o bem pode vencer o mal.

Seria, então, de se criar "**um novo Plano Marshall**", especialmente para o Afeganistão e Iraque. Hoje, só os Estados Unidos têm milhares de soldados – cerca de meio milhão – fora do país. Milhares de soldados, que para juntá-los necessitaríamos de vários Maracanãs, com um custo financeiro assombroso. Certamente com grandes resultados econômicos para a indústria bélica. Esses bilhões se fossem aplicados para colaborar com aqueles países traria, com certeza, um resultado igual ao conquistado na Alemanha e no Japão pós 2ª guerra, a simpatia do povo afegão e iraquiano, e a simpatia do mundo.

Em nossa avaliação, pelos meios usuais de hoje, o terrorismo jamais será eliminado. Qual fênix, ele sempre ressurgirá das cinzas. A vontade de vingança só poderá ser "vencida" pela solidariedade, pelo amor, pela compaixão, pela demonstração de respeito para com suas ideologias filosófico-religiosas. Isso todos aprendemos, qualquer que seja a nossa percepção de vida.

O Editorial do jornal CORREIO BRAZILIENSE, do dia 3 de abril de 2010, com o título "Resposta certa ao terrorismo", examinando o terrorismo promovido pelos chechenos, ressalta a necessidade de uma visão filosófica voltada para a amorosidade, de onde se destaca:

> *"Da barbárie nasce e na barbárie se alimenta o terrorismo. Passa da hora de a humanidade reconhecer e pôr em prática essa lógica". ... "A hora é de pôr fim ao conflito". .... "É, sim, na melhoria das condições de vida dos chechenos que está a resposta. Ou isso, ou mais e mais terroristas surgirão a cada um que tombar".*

Parece-nos que a tentativa de acabar com o terrorismo pela força é um buraco sem fundo. Parece-nos que a violência gera mais terrorismo ainda.

O que fazer então? É preciso atuar na conformidade com a lei irrevogável da natureza de que o amor constrói e o ódio destrói. É preciso conquistar mentes e corações, e a melhor forma de conquistá-las é dando-lhes atendimento, sustentação e apoio. Por que não existe hoje na Alemanha um clima de vingança, de revide por terem perdido a guerra? Por que no Japão, por igual, não existe um clima de vingança, de revide? Porque se criou uma nova mentalidade, uma nova perspectiva da realidade. Essa nova mentalidade foi criada porque, dentre outros fatores, houve uma reta atuação de apoio, de solidariedade e de compaixão. O amor é irresistível.

O mundo em que vivemos é regido por leis naturais absolutamente confiáveis. O papel do cientista é descobrir estas leis. Estas leis não estão apenas no campo da matéria, mas também no campo das vibrações mentais, emocionais e psicológicas. Atuam em cada um de nós, individualmente, e na sociedade humana, em seu conjunto. Tudo está sujeito às mesmas leis da manifestação cósmica.

Estas leis naturais nos ensinam que quando a semeadura é correta, a colheita é inevitável. E também nos ensinam que, quando a semeadura é incorreta, a colheita é inviável. Se quisermos colher paz, amor e boas relações entre os seres humanos e países, precisamos semear corretamente: semear esses mesmos valores. A correta semeadura no campo das relações humanas sempre estará alicerçada na solidariedade, na cooperação, na parceria e no amor.

É claro que é preciso, depois de tantos anos de erros e

equívocos, ter paciência. O retorno é sempre mais difícil. A natureza não dá saltos. É preciso plantar hoje para colher amanhã.

Mas se não houver correção de rumo, poderemos ficar sem saída.

Acima de tudo fica a lição do grande líder mundial Mahatma Gandhi, que assim se expressou quanto ao tema em pauta:

"Não há caminho para a paz. A paz é o caminho".

Enquanto os líderes dos países mais poderosos do planeta não acordarem para a sabedoria dos ensinamentos de Cristo, Buda, Krishna, Maomé, Gandhi, Mandela, Martin Luther King, Madre Tereza de Calcutá, Irmã Dulce, Betinho e de todos os comprometidos com o bem, enquanto priorizarem a indústria bélica e acreditarem no uso da força e não na força do amor, certamente viveremos um mundo de guerras, crueldades e terrorismos. A reta colheita depende da reta semeadura.

Nos anos mais recentes, em vários países da América Latina, a partir de comunidades indígenas e de movimentos populares, tem se consolidado um processo de mudanças estruturais que tem realizado uma melhor distribuição da renda, uma justa reforma agrária, feita sem violências e que possibilita aos lavradores retomar sua cultura ancestral e viver da terra, assim como tem cuidado melhor da terra, da água e de todos os bens da natureza. Em vários países do continente, este processo tem sido articulado, como no início do século XIX, sonhava Simon Bolívar, para unir todos os povos desta imensa "pátria grande". Na Bolívia, este processo tem dado prioridade ao "protagonismo indígena". No Equador, a nova Constituição nacional oficializa o que está sendo chamado de "revolução cidadã". Na Venezuela, pátria de Simon Bolívar, é o processo bolivariano. Assim, apesar de ainda incipiente, este processo começa a dar formas novas à libertação plantada por tantos irmãos e irmãs, índios, negros e mestiços, assim como por todas as pessoas que se unem para formar o que, ainda no século XIX, José Marti, profeta e poeta cubano, chamava: *Nuestra América*.

Como afirma o sociólogo professor português, Boaventura de Souza Santos: "A América Latina tem sido o continente, onde o socialismo do século XXI entrou na agenda política"[8]. Analistas indígenas como David Choquehuanca, ministro das Relações Exteriores da Bolívia e especialista em cosmovisão andina, rejeita para este processo o título de Socialismo. Acredita que, de forma diferente do Capitalismo, o Socialismo também tem priorizado o dinheiro e as relações econômicas, enquanto os processos sociais emergentes no continente latino-americano se baseiam no Bom Viver, conceito indígena que significa vida solidária e a partir da sustentabilidade comunitária e ecológica.

---

8 Cf. BOAVENTURA DE SOUSA SANTOS, *A esquerda tem o poder político, mas a direita continua com o poder econômico*. In *Caros Amigos*, março 2010, p. 42.

Neste novo processo, o professor Boaventura distingue três etapas ou dimensões que têm ocorrido no continente:

1º) a transição da ditadura à democracia.

No Brasil, a recente discussão sobre a lei da Anistia e a Comissão da Verdade para a investigação dos crimes cometidos pelo Estado na época dos governos militares revela que a democracia social e política é um processo em construção.

2º) A transição do colonialismo à descolonização.

Em toda a América Latina, há um fortalecimento de movimentos indígenas e negros, assim como nas novas Constituições nacionais (como no Equador e Bolívia) os países se proclamam plurinacionais.

3º) a transição do capitalismo a um caminho que se constitua como um novo tipo de sociedade solidária que se configura como um socialismo novo e original para o século XXI.

Dentro deste processo que inclui comunidades indígenas, movimentos populares e setores de algumas Igrejas cristãs e de religiões autóctones do continente, têm surgido desafios de como construir um verdadeiro diálogo inter-cultural e inter-religioso a partir do Pluralismo existente e dos desafios próprios do nosso tempo. Nestas reflexões, propomos um mutirão de todos pela solidariedade. As raízes desta solidariedade como caminho espiritual – o caminho da compaixão - supõe um profundo diálogo de cada pessoa consigo mesma, um diálogo cada vez mais aberto com os outros e com a ternura divina presente no universo e em nós. Ser solidária/o é o modo normal da pessoa ser livre neste mundo. Como dizia o monge Thomas Merton: "Nenhum ser humano é uma ilha". A solidariedade é a única base viável para construirmos sociedades firmadas sobre a defesa intransigente e permanente dos Direitos Humanos e do cuidado com todo ser vivo.

Quem crê em Deus, sabe que se aventurar neste caminho para a libertação é deixar-se conduzir pelo Espírito que "sopra onde quer, ouve-se a sua voz, mas não se sabe para onde vai nem de onde vem" (Jo 3, 8). Como, no século IV, escreveu Santo Agostinho: "Apontem-me alguém que ame e ele sente o que estou dizendo. Dêem-me alguém que deseje, que caminhe neste deserto, alguém que tenha sede e suspira pela fonte da vida. Mostre-me esta pessoa e ela saberá o que quero dizer"[9].

9 AGOSTINHO, *Tratado sobre o Evangelho de João* 26, 4. Cit. por Connaissance des Pères de l'Église32- dez. 1988, capa.

—— CAPÍTULO V ——

A EDUCAÇÃO
O CONHECIMENTO A SERVIÇO DA VIDA

A educação é um dos fatores determinantes de toda a problemática social. Por um lado, a escassez de estruturas ou a falta de oportunidades: no Brasil, segundo o IBGE, existem ainda 14,1 milhões de analfabetos, o que representa 9,7% da população. De outro lado, o modelo educacional positivista e disciplinar vigente está baseado em uma estrutura do conhecimento fragmentada – não totalizante e integrativa -, ancorado numa pedagogia da crueldade que essencialmente fortalece a individualidade, a exterioridade e os valores egoístas.

ESTRUTURAS E OPORTUNIDADES

O sistema educacional no Brasil se expandiu de modo extraordinário nas últimas décadas. Contudo, alguns problemas cruciais – envolvendo questões estruturais e de formação de corpo docente – perduram em nosso país. Somado a estas questões, certamente o nível de miséria – de excluídos sociais - ainda presente, responde também pelo alto índice de analfabetismo no país.

É responsabilidade do Estado a promoção da igualdade de oportunidade de acesso ao ensino a todos os cidadãos. Isto pode implicar numa significativa revisão no sistema de educacional vigente. Contudo, é fundamental que todo o esforço seja dirigido para a educação. Todos os povos que convergiram suas energias para a educação transformaram-se em uma Nação desenvolvida.

AVANÇOS NO SISTEMA EDUCACIONAL

Estudos indicam que, além dos excluídos socialmente do sistema educacional, há uma alta taxa de evasão escolar. Apontam que o modelo educacional disciplinar vigente não é capaz de estimular as mentes jovens, que se entusiasmam com o novo e o criativo.

A estrutura do conhecimento disciplinar está baseada em externalidades, essencialmente limitadas às ocupações do ego, fortalecendo a individualidade em detrimento do social e do coletivo. Este modelo educacional vigente perpetua valores ultrapassados - fortalecendo o individualismo, a ganância, a acumulação, a inveja, a competição e as lutas pelas glórias e honrarias pessoais, o que interfere notadamente em toda a prática social. Por se constituir num modelo educacional árido – e arcaico - não atende as mentes jovens. As crianças, os adolescentes e os jovens estão ávidos pela oportunidade de avançar na compreensão da sua existência, da compreensão dos processos da vida, não se satisfazendo com os limites estreitos proporcionados pela educação atual.

Não se deve negar, contudo, que o modelo do sistema educacional de hoje representa um grande avanço. Mas, que certamente deve ser, em muito, aperfeiçoado. As instituições de ensino, que deveriam estar voltadas para a formação do caráter, para a vida prática, para as relações sociais saudáveis e para desenvolver sentimentos amáveis e fraternos, estão voltadas, notadamente, para alcançar conhecimento em benefício próprio.

O aperfeiçoamento no sistema educacional permitirá a correta educação. Por sua vez, pode-se afirmar que a correta educação propicia a emancipação do indivíduo. A pessoa educada assume a sua autogestão, o gerenciamento de sua vida, da sua carreira e a construção do seu caráter. A educação traz a libertação do ser, a sua plenitude e a sua auto-realização. Não se trata apenas de serem as pessoas preparadas para o trabalho, mas para a expressão de suas potencialidades, físicas, emocionais, mentais, espirituais e criativas. Alcança o bem-estar e a felicidade; a realização pessoal e espiritual, razão de ser da existência. Uma das atuações básicas do Estado é na educação integral do ser.

Sem a correta educação não é possível se construir uma sociedade humana sabiamente organizada. Uma pessoa analfabeta, despreparada, sem formação profissional será sempre um peso na sociedade. Ao contrário, uma sociedade em que os seus integrantes sejam pessoas preparadas, capacitadas, formará sem esforço, naturalmente, uma organização social justa, saudável, feliz e harmoniosa.

MOTIVAÇÕES – EDUCAÇÃO PARA SERVIR

Ainda resultado da prática educacional, a mentalidade vigente é no sentido de que se deve estudar para competir com os demais, ter êxito pessoal, que se traduz em sucesso econômico. Essa mentalidade parte do pressuposto de que somos seres isolados, de que devemos buscar resultados individuais, sem prestar atenção ao todo.

As motivações que nos levam à busca do conhecimento são fundamentais e determinantes nas relações humanas. Se a busca do conhecimento está fundamentada na idéia básica do bem-estar pessoal, e não no serviço à coletividade, o resultado poderá ser a utilização do conhecimento de maneira equivocada, eis que a vida é única, interdependente e complementar.

No redirecionamento dos conceitos de educação, no "educar para servir", o conhecimento deve alcançar a prática social, a partir de projetos inovadores na própria sociedade. Partimos do princípio da formação para a transformação do agora e não do futuro, no sentido de se implementar novos paradigmas, novas atitudes, novos conhecimentos e uma nova forma de organização social que garanta a sustentabilidade da vida.

Sendo assim, mesmo em se podendo contar com espaço de aprendizagem que ofereça em sua estrutura a mais alta tecnologia, o aprendizado se concretizará na prática, na própria atuação comunitária por meio de projetos sociais. A idéia é a de que a universidade – confirmando o seu princípio de universalidade - não deve somente formar, mas suscitar os interesses individuais altruístas, de realização pessoal, em fatos sociais, cimentando com base nisso, o interesse pelo coletivo humano, pelos demais reinos da vida e pelo próprio planeta.

Entendo que a realização do projeto de ação sócio-político-pedagógica para a erradicação da miséria, que apresentei no primeiro capítulo deste livro, necessariamente tem que ser subsidiado pela prática de uma educação transdisciplinar. Para tanto, sugiro que o governo federal e os governos estaduais formem (ou criem) consultorias de educação transdisciplinar, com educadores especializados em transdisciplinaridade e em educação transdisciplinar para assessorarem todos os projetos a serviço do processo político de erradicação da miséria e do analfabetismo no Brasil. Certamente, a escolha da utilização da prática da educação transdisciplinar no desenvolvimento dos projetos políticos educacionais do governo federal e dos governos estaduais irá mudar o rumo dos valores e da realidade social da sociedade brasileira.

EDUCAÇÃO TRANSDISCIPLINAR

LIMITAÇÃO DO ENFOQUE EDUCACIONAL DISCIPLINAR

De acordo com Georges Gusdorf, a fragmentação do conhecimento em diferentes disciplinas traduz o processo de desmembramento da realidade humana, que impõe a perspectiva científica de uma ciência em migalhas, a qual condiciona o ser humano a amesquinhar a sua percepção da realidade e a sua visão de si mesmo e do outro. Hilton Japiassú compreende que o processo patológico do ensino disciplinar induz o ser humano a viver uma vida intelectual parasitária. No seu livro Interdisciplinaridade e Patologia do Saber, publicado em 1975, ele salienta que o exagero disciplinar das especializações do conhecimento produz no ser humano uma patologia intelectual ou patologia do saber, que faz o estudante, o professor e o pesquisador priorizarem o exercício de uma "inteligência esfacelada", responsável pela produção de fatias de saberes fragmentados ou migalhas de objetivas verdades epistemológicas.

Noemi Salgado afirma que a visão reducionista e parcial da abordagem educacional disciplinar foi consolidada no século XIX, não somente pelas influências do Iluminismo, da Revolução Francesa e da Revolução Industrial, como também pela influência da epistemologia positivista de Auguste Comte e pelo surgimento da especialização do trabalho no início da civilização industrializada. Ela ressalta que a perspectiva filosófica do positivismo comtiano, ao compartimentalizar o conhecimento humano em diversas áreas isoladas, propôs uma divisão hierárquica das ciências. Também esclarece que esta divisão fundamenta-se no princípio de que as ciências devem ser repartidas de acordo com uma ordem de subordinação hierárquica, sem que haja interdependências recíprocas e mútuas entre o conteúdo científico que elas abordam e investigam. Noemi considera que tal hierarquização limita o campo das ciências, pois lhes impõe rígidas fronteiras disciplinares que, equivocadamente, são consideradas como aspectos naturais do processo do conhecimento humano. Na perspectiva desta autora, a divisão hierárquica das ciências, proposta pelo positivismo, inviabiliza a possibilidade de uma intercomunicação epistemológica holística e transdisciplinar entre os conhecimentos das diferentes disciplinas.

Para Hilton Japiassu, a pedagogia da certeza, que é desenvolvida na prática da educação disciplinar, condiciona os docentes, considerados como detentores dos conhecimentos fragmentados, a usarem a especialização e a competência disciplinar para mascararem a opressão e a exploração do ser humano sobre outro ser humano. Ubiratan D'Ambrósio afirma que a fragmentação disciplinar do conhecimento provoca, aumenta e agrava a crescente iniqüidade entre indivíduos, comunidades, nações e países. Na perspectiva deste educador, a atual proliferação das disciplinas e especialidades, acadêmicas e não acadêmicas, conduz a um crescimento incontestável do poder associado a detentores desses conhecimentos fragmentados.

Fundamentada nas perspectivas de Georges Gusdorf, Hilton Japiassú, Basarab Nicolescu, Edgar Morin e Ubiratan D'Ambrósio, Noemi Salgado assevera que a fragmentação das ciências em migalhas de saberes disciplinares reflete o estado de consciência de uma humanidade esfacelada, vítima da assimilação indevida de idéias equivocadas, que impõem o paradoxo de uma prodigiosa expansão do conhecimento, sem grande proveito para aquilo que é essencial à sobrevivência da comunidade humana planetária. Ela ressalta que a fragmentação da análise científica disciplinar destrói não apenas a unidade dos saberes das diferentes áreas do conhecimento, como também a unidade da vida pessoal do ser humano na relação com ele mesmo, com o outro e com a existência da vida do serhumanona humanidade.

ABORDAGEM TRANSCULTURAL DA VISÃO TRANSDISCIPLINAR

Em consonância com vários autores, Noemi Salgado afirma que a abordagem educacional transdisciplinar não nega o conhecimento disciplinar, mas o complementa. Ela ressalta que enquanto a disciplinaridade fundamenta-se nos princípios filosóficos do positivismo e trata apenas de um fragmento de um único e mesmo nível de realidade do conhecimento humano, a transdisciplinaridade alicercia-se nos princípios filosóficos e epistemológicos da Física Quântica e Subquântica, da Ordem Implícita, da Cosmologia Quântica, da Biologia Molecular, da Teoria das Cordas, das neurociências e das diferentes abordagens da psicologia transpessoal. A autora destaca que a abordagem transdisciplinar abarca, simultaneamente, vários níveis de realidades do conhecimento e da existência humana.

Utilizando-se do conteúdo da Carta da Transdisciplinaridade, elaborada por Lima de Freitas, Edgar Morin e Basarab Nicolecu, Noemi Salgado declara que a visão transdisciplinar é uma visão aberta, porque ultrapassa o campo das ciências exatas e estabelece o diálogo e a reconciliação entre as ciências exatas com as ciências humanas, com a arte, com a literatura, com a poesia e com a experiência espiritual. Ao considerarem que a abertura da visão transdisciplinar também é sustentada por uma abordagem transcultural, os referidos autores afirmam que na transdisciplinaridade desta abordagem não existe um lugar cultural privilegiado de onde se possam julgar as outras culturas, pois compreendem que a visão transdisciplinar dá origem e é originada por uma ética que recusa toda atitude que se negue ao diálogo e à discussão, seja de ordem ideológica, científica, religiosa, política ou filosófica. Eles entendem que a ética transdisciplinar implica o reconhecimento de que o saber compartilhado deve conduzir a uma compreensão compartilhada, baseada no respeito absoluto das diferenças entre os seres humanos, unidos pela vida comum sobre uma única e mesma Terra.

MARCO TEÓRICO DA EDUCAÇÃO TRANSDISCIPLINAR

"Atualmente, a educação privilegia o intelecto, enquanto relativiza a sensibilidade e o corpo. (...) Se esse privilégio continuar seremos empurrados na lógica louca da eficiência pela eficiência, que só poderá terminar em nossa autodestruição. (...) O surgimento de uma cultura transdisciplinar, capaz de contribuir para a eliminação das tensões que ameaçam a vida em nosso planeta será impossível sem um novo tipo de educação, que leve em conta todas as dimensões do ser humano(...) O recente relatório da UNESCO da Comissão Internacional sobre a Educação para o século XXI, presidida por Jacques Delors, enfatizou fortemente os quatro pilares de uma novo tipo

de educação: aprender a conhecer, aprender a fazer, aprender a viver junto e aprender a ser. Neste contexto, a abordagem transdisciplinar pode ser uma importante contribuição para o advento deste novo tipo de educação a serviço do desenvolvimento humano. (...) Na visão transdisciplinar há uma transrelação que conecta os quatro pilares do novo sistema de educação e tem sua fonte na nossa própria constituição, enquanto seres humanos.(...). Apesar de as condições das Universidades variarem muito de um país para outro, a desorientação da Universidade tornou-se mundial. Vários sintomas acabam por ocultar a causa geral dessa desorientação: a perda do sentido e a fome universal pelo sentido. A educação transdisciplinar pode abrir caminho em direção a uma educação integral do ser humano que necessariamente transmita a busca de sentido. (...) Uma educação viável só pode ser uma educação integral do ser humano. Uma educação que é dirigida para a totalidade aberta do ser humano e não apenas a um de seus componentes. (...) Mesmo que a educação transdisciplinar seja um processo global de longo prazo, é importante descobrir e criar lugares que ajudem a iniciar esse processo que assegure seu desenvolvimento. (...) Com efeito, a educação transdisciplinar, por sua própria natureza, deve ser exercida não apenas nas instituições de ensino, do maternal à Universidade, mas também ao longo de toda a vida e em todos os lugares da vida" (...)A Universidade poderá também ser o eixo central de uma educação transdisciplinar direcionada não apenas a crianças e adolescentes, mas também a adultos.” Basarab Nicolescu

“Uma educação autêntica não pode privilegiar a abstração no conhecimento. Deve ensinar a contextualizar, concretizar e globalizar. A educação transdisciplinar re-avalia o papel da intuição, da imaginação, da sensibilidade e do corpo na transmissão dos conhecimentos.” Edgar Morin e Lima de Freitas

“A Ação Transdisciplinar propõe a articulação da formação do ser humano na sua relação com o mundo (ecoformação), com os outros (hetero e co-formação), consigo mesmo (autoformação), com o ser (ontoformação), com o conhecimento formal, com o conhecimento não formal e com o autoconhecimento.” IN.: Mensagem do II Congresso Mundial de Transdisciplinaridade, 2005

“Unir a consciência amorosa do valor e do significado da existência humana ao sentido do desenvolvimento humano sustentável é uma das funções da educação transdisciplinar. (...) Alguns dos fundamentos pedagógicos desta educação estão alicerçados nos princípios filosóficos da autoconsciência e no princípio Crístico da Nova Lei do Amor (...) A transdisciplinaridade do projeto pedagógico da educação transdisciplinar reconhece e ressalta a necessidade do cuidado com a dimensão interior psicológica da existência de todo ser humano. (...)

Um dos eixos pedagógicos da prática desta educação é a vivência da arte de aprender (ou arte de autoconhecer-se), que não está dissociada do acontecimento da arte de viver. Este eixo é operacionalizado por uma ação educativa subsidiada pela pedagogia do autoconhecimento e pelo exercício da comunicação dialógica.(...). Na educação transdisciplinar a aprendizagem da arte de autoconhecer-se, da comunicação dialógica, da arte de relacionar-se e do cuidado com a dimensão psicológico existencial do estudante acontece, simultaneamente, com as atividades curriculares do processo de aquisição de conhecimento ou informação do conteúdo da grade curricular das disciplinas." Noemi Salgado Soares

ALGUNS OBJETIVOS DA EDUCAÇÃO TRANSDISCIPLINAR

Fundamentada pelos pressupostos filosóficos e epistemológicos da transdisciplinaridade, Noemi Salgado afirma que um dos objetivos da educação transdisciplinar é ajudar o educando-educador (aluno) e o educador-educando (professor) a vivenciarem o movimento de construção e apropriação de um estado existencial de liberdade de ser, alicerçado na ativação da sensibilidade criadora, da amorosidade, da dialogicidade e da afetividade. Este objetivo visa ajudar o ser humano a ativar uma sensibilidade existencial, que lhe permita, através da vivência da arte de aprender, a conhecer e a apropriar-se das possibilidades amorosas da sua autoconsciência, aperfeiçoando-a na construção de diferentes sentidos/significados da sua existência e no processo do seu autodesenvolvimento.

De acordo com a referida educadora, outro objetivo da educação transdisciplinar é " ajudar o ser humano a: 1. construir, conhecer e a assumir a própria autoridade interno-ontológico-psicológico-existencial, que lhe capacite responsabilizar-se pelo processo amoroso do cuidado com a sua existência inserida na existência do serhumanohumanidade; 2. apropriar-se do seu direito de construir o sentido de uma existência amorosamente autoconsciente, comprometida socialmente com o processo do autodesenvolvimento e do desenvolvimento humano sustentável; 3. crescer em liberdade e apropriar-se do seu direito de ser criador, criativo, sem medo, não competitivo, dialógico, solidário, equânime, apreciador-amante da diferença e do desconhecido, livre do patológico-ancestral vício de exercer poder sobre o outro e usufruir do outro para proveito próprio; 4. construir um estado de consciência de ser, que lhe permita reconhecer que a sua existência é parte integrante da manifestação da Vida Criadora".

No seu livro Educação Transdisciplinar e a Arte de Aprender: Pedagogia do Autoconhecimento para o Desenvolvimento humano Noemi Salgado afirma que "uma das funções da educação transdisciplinar é ajudar o ser humano a vivenciar o processo de integração entre seu pensar, sentir, falar, querer e agir. Ela considera que a ação educativa transdisciplinar também implica a ação de:

I- re-significar o conceito e o sentido da vivência prática dos processos "educar", "ser educado", "educando" e "educador", abolindo, definitivamente, toda concepção filosófico-pedagógico-epistemológico positivista que a tradicional educação disciplinar outorgou e outorga a estes processos;

II - substituir a compreensão pedagógica do sentido do vocábulo a-luno enquanto ser sem luz por estudante serluzente, mestre aprendiz possuidor da LuzVidaCriadora, que também pulsa na respiração-existência de todo ser humano;

III. modificar o sentido e a função do processo de avaliar e ser avaliado, tendo como referencial epistemológico o princípio filosófico-pedagógico que compreende que avaliar é : a) olhar e ver o outro; b) silenciar para ouvir o outro; c) valorizar o outro; d) reconhecer e estimar a potência da vontade de vida do outro; e) ter afeto; f) ter amizade; g) respeitar e acolher a diferença do outro; h) tratar o outro com grandeza; i) dialogar; j) partilhar; l) comungar; m) reverenciar a autonomia inventiva do outro; n) ter consciência da dignidade do outro; o) deixar o outro ser o caminho da sua própria vocação de existir; p) amar;

IV. abolir de toda ação educativa a concepção etimológico-filosófico-pedagógica do verbo ensinar compreendido com o significado de castigar, amestrar, punir, adestrar, condicionar, instruir, doutrinar. Substituir a ação educativa alicerçada nesta semântica do verbo ensinar pela dinâmica existencial-relacional da semântica do verbo aprender, inserindo-a em uma afetiva sociedade educativa de aprendizagem dialógica, em que educando e educador vivenciam relações amorosas de aprendizagem;

V. criar projetos pedagógicos fundamentados nos princípios filosóficos e epistemológicos da pedagogia do autoconhecimento, que possibilitem a vivência educativa da arte de aprender do educando e do educador;

VI. substituir os projetos pedagógicos da educação básica e da educação superior, fundamentados na perspectiva epistemológica positivista disciplinar e multidisciplinar, por projetos pedagógicos interdisciplinares e transdisciplinares, alicerçados na compreensão quântica e na concepção sistêmica da dinâmica holística da multireferencialidade;

VII. fundar e operacionalizar novas possibilidades didático-pedagógicas para a vivência do fazer-aprender a aprender, a conviver, a ver, a ouvir, a falar, a respeitar, a pensar, a agir, a sentir, a dialogar-relacionar, a escrever, a silenciar, a conhecer, a amar e a ser ;

VIII. substituir a prática pedagógica monológica por uma ação pedagógica alicerçada no exercício da comunicação dialógica. Ou seja, inaugurar e legitimar a prática da comunicação dialógica como principio pedagógico de todo processo educativo de aprendizagem;

IX. substituir a ambiência da liturgia da sala de aula, que inibe a autoconsciência do acontecimento existencial da vida vivente, por encontro-aula dialógica da arte de viver, que associa o processo de aquisição do conhecimento de diferentes saberes/aprenderes com a vivência da arte de aprender, no pulsar da vida mesma de cada estudante mestre-aprendiz, seja ele educando-educador ou educador-educando;

X. possibilitar o surgimento de uma nova geração de educadores e educando–estudantes seres luzentes, mestres-aprendizes, sustentados e movidos pela dinâmica initerrupta do processo da autoconsciência – que possa se sustentar e se apoiar, existencialmente, na liberdade da vivência da arte de aprender a arte de viver."

Noemi compreende que a prática da educação transdisciplinar, provavelmente, poderá transformar a cooperação, a participação, a inclusão, a reversibilidade, o respeito, a flexibilidade, a afetividade, a dialogicidade, a compreensão, a solidariedade e a amorosidade em atitudes inerentes às características de um ser humano mais humanizado.

AMPLIAÇÃO DAS ÁREAS DO CONHECIMENTO

Em vez de corrigir os equívocos, nosso sistema de ensino obedece a eles. Nas escolas nos ensinam a isolar objetos (de seu meio ambiente), a separar as disciplinas (em vez de reconhecer suas correlações), a dissociar os problemas, em vez de reunir e integrar. Obrigam-nos a reduzir o complexo ao simples, isto é, a separar o que está ligado; a decompor e não a recompor. Em tais condições, as mentes jovens perdem suas aptidões naturais para contextualizar os saberes e integrá-los em seus conjuntos. Assim, perde-se a noção do todo e de que o conhecimento utilizado de maneira individualizada e para benefício próprio é ilusório, pois somos interdependentes e a atuação para a coletividade, ao final reverte-se a cada um.

No modelo educacional disciplinar vigente não se cuida do conhecimento a serviço da humanidade. Nas Faculdades de Direito, por exemplo, o estudo é centrado no conhecimento das leis existentes (leis dos homens), que como regra representa engessamento dos costumes. A busca da formação profissional é feita dentro do espírito de competição, de individualismo e de resultado econômico, e não se faz um estudo sobre quais as leis ideais e mais adequadas, para um mundo verdadeiramente civilizado. No campo da economia, por exemplo, nada de concreto é feito ou estudado, no sentido de criar um mundo economicamente justo e solidário. No campo da medicina, estudam-se as doenças, mas não se estuda a saúde. E assim sucessivamente.

Há a necessidade imperiosa do desenvolvimento de novos valores nas academias. Há que se desenvolver a pedagogia transdisciplinar da amorosidade, onde o conhecimento deve estar alicerçado na solidariedade, na justiça social, na ética, na estética, na dignidade, na fraternidade, na espiritualidade e no reconhecimento da unidade da vida, da interdependência de toda a manifestação.

Essa nova visão universitária e universalista transdisciplinar deve certamente estar integrada ao aprendizado de todo o conhecimento desenvolvido pela humanidade ao longo de milênios, mas voltada para o futuro, voltada para o trabalho por um mundo mais justo, voltada para o humanismo, para a solidariedade humana.

Neste modelo idealizado, cada matéria deve ser examinada à luz de todo o conhecimento existente, de forma abrangente, holística, integrada, interdisciplinar, transdisciplinar (científico, espiritual, histórico, educacional, psicológico, sociológico, etc), com o estudo voltado para o humanismo, para a utilização do conhecimento obtido e para o que venha a ser desvelado em benefício da humanidade. É importante, também, e fundamental, que não se transforme a prática de propostas pedagógicas inovadoras em mero conteúdo acadêmico de estudos teóricos sem uma ação concreta relacionada à vida. É necessário que a proposta pedagógica transdisciplinar esteja atrelada a projetos em várias áreas de nossa sociedade, e possa ser concretizada a partir da prática do compromisso e da transformação da sociedade humana em uma sociedade digna, ética, justa e solidária, durante o próprio processo de formação.

Para que tenhamos um novo sistema educativo, uma nova atuação das universidades – significando a universalidade -, uma nova visão de aprendizado, a divisão do conhecimento em disciplinas estanques, deverá dar lugar ao conhecimento total, que não visa um saber fragmentado em disciplinas isoladas, mas um conjunto de temas, que poderá ser adotado por diferentes áreas de conhecimento.

Neste pressuposto, poderiam as grades curriculares agregarem, além das disciplinas atuais, temas mais abrangentes, envolvendo, entre os vários possíveis:

Teoria da Complementaridade – Ecologia Material e Espiritual: A unidade da vida; A unidade do conhecimento humano; A interdependência e complementaridade da manifestação cósmica; A ilusão da separatividade; A percepção da solidariedade humana como base para um correto viver; Ecologia no plano da manifestação física; A preservação do planeta; Gaya: a vida e a consciência planetária; A preservação das florestas, dos rios, dos aquíferos; Ecologia espiritual; Como mudar os valores humanos para que seja respeitada a natureza; A biodiversidade; O planeta Terra; Proteção e respeito aos animais e a natureza;

O Conhecimento Transdisciplinar; o Conhecimento Interdisciplinar; Direito, Filosofia, História, Religião, Ciência e Espiritualidade; Educação; Educação Holística; Psicologia, Sociologia: O Direito a serviço da coletividade; As soluções consensuais; O dever como Direito; O direito a retos meios de vida; O direito ao trabalho; Laborterapia; O direito ao lazer; As leis ideais e mais adequadas para um mundo verdadeiramente civilizado;

Economia, Política, Organização Social, o Estado, a União Planetária: A economia a serviço da coletividade; Ética na política; O que é democracia; O que seria uma perfeita democracia; Como estabelecer uma democracia efetiva onde não existam excluídos; Qual é a organização social perfeita e desejada; Meios para acabar com a fome e com a miséria; O papel do Estado: as responsabilidades do Estado; A responsabilidade dos meios de comunicação; A união planetária; A integração dos povos.

Saúde: Saúde física, emocional, mental e espiritual; Alimentação saudável; A importância dos exercícios e do repouso; A importância da higiene; Saúde e o contato com a natureza; Plantas e ervas medicinais; Pensamento e emoções como condições de saúde; Os benefícios da meditação;

Religião e Espiritualidade: Estudo comparado de religiões, filosofias, ciência e arte; Espiritualidade sem religião; Vida espiritual;

A Regeneração Humana: A construção do caráter; O poder do pensamento; Purificação dos pensamentos; O poder do pensamento positivo; Ecologia mental; A ciência das emoções; Purificação das emoções; O poder da harmonia; Autodisciplina, comando de si próprio; Êxtase espiritual com ou sem religião;

Em Busca do Autoconhecimento: O Ser verdadeiro; Quem somos nós; O que é a consciência; Meditação; Yoga; As várias escolas de yoga; Plenitude; Terapias holísticas; O poder da palavra; O poder do som; Os mantras; O poder da oração; A arte como elemento de espiritualidade; Alcançar a perfeição em benefício da humanidade; A alegria de viver; Inteligência Emocional e Espiritual.

O conhecimento só tem valia efetiva na medida em que estiver a serviço da humanidade, permeado de serviço pelo bem comum, de humanismo e espiritualidade. O conhecimento por si só é um instrumento que pode ser utilizado em proveito próprio, sem qualquer conotação com o interesse coletivo – e até mesmo contra o interesse coletivo – ou, ao revés, pode ser utilizado para o bem comum.

Aqueles que estiverem a serviço da humanidade devem

buscar os valores eternos da sabedoria, da vontade e do amor, a tri-fulgente manifestação cósmica. O conhecimento alicerçado na percepção das leis da natureza resulta na Sabedoria; a determinação férrea, a vontade interior, o furor heróico, resulta na plenitude do entusiasmo que deve estar a serviço do bem, a serviço da humanidade; o Amor Universal, calcado na harmonia cósmica, resulta na fraternidade, na solidariedade.

CAPÍTULO VI

DEMOCRACIA E CIDADANIA SIGNIFICADO SUBJACENTE

Uma mesma palavra pode ser utilizada com sentidos diferentes, quando não opostos, por pessoas que têm formação ideológica distinta. Essa questão é importante, porque podemos estar utilizando expressões como se tivessem um único sentido, quando na verdade podem ser aplicadas com sentido até mesmo antagônico. É preciso, fundamentalmente, que se tenha perfeita clareza de ideias. Um exemplo é o da palavra **democracia**. Quando uma pessoa com formação ideológica voltada para a coletividade utiliza a palavra **democracia**, tem em sua mente não só a chamada democracia política, mas também a democracia cultural, a democracia econômica, com todos participando da vida econômica; já quando uma pessoa de formação ideológica individualista fala em **democracia**, o seu pensamento está voltado para uma visão neoliberal, competitiva, cada um defendendo os seus interesses pessoais.

A visão "democrática" fundada na mera percepção de "economia de mercado", de "salve-se-quem-puder", é uma falsa visão da verdadeira democracia. Democracia não deve ser vista meramente como uma organização social de disputa, de competitividade, de vitória dos mais fortes, eis que é uma visão desumana e irracional. A verdadeira democracia deve estar lastreada em uma organização social onde sejam oferecidas reais condições de desenvolvimento, de oportunidade, de trabalho, de afirmação profissional a todos os seus integrantes, onde todos tenham oportunidades reais. A verdadeira democracia deve ir além, devendo estar alicerçada em uma visão humanista. A democracia real é a da sociedade onde atuam todos por um e um por todos: é a realização democrática de seres verdadeiramente humanos, de seres sensíveis, comprometidos com o bem-estar de todos.

Em uma organização social democrática, o importante é que, verdadeiramente, todos os cidadãos estejam amparados de igual forma. A simples afirmação de que a lei é para todos é absolutamente superficial e incompleta. Não basta a lei ser igual para todos, mas é preciso que a sociedade se organize de maneira a propiciar, efetivamente, reais condições de inserção, especialmente no que diz respeito a que todos devem ter condições para "retos meios de vida".

Outra palavra que temos visto carregada de visões diferentes, conforme o posicionamento ideológico das pessoas é a palavra **cidadania**. Para uns, os que estão voltados para o bem geral, a palavra cidadania está ligada ao reconhecimento a todos os cidadãos de seus direitos, em igualdade de condições; querem a **cidadania** para todos e não para alguns; que todos possam ser reconhecidos como cidadãos portadores de direitos em uma sociedade e não apenas alguns. Em essência, para esses, cidadania significa o direito de todas as pessoas serem reconhecidas como cidadãs, estando a palavra muito próximo da ideia de igualdade de oportunidades e de direitos. Há, no entanto, pronunciamentos de pessoas que têm uma formação ideológica distinta, que ressaltam de igual forma a importância da **cidadania**, mas dando a essa palavra o sentido individualista, cada um defendendo os seus próprios direitos.

A visão de **cidadania** do neoliberal certamente é diferente da visão de **cidadania** do socialista. Assim, é preciso saber de qual cidadania estamos falando, qual a cidadania que estamos nos referindo. Essa terminologia de reacionário e de progressista afigura-se inadequada para os dias atuais, especialmente dentro de uma visão universal. Deve-se ter clareza que na sociedade humana, existe, nas relações sociais, fundamentalmente, duas posições: a dos que defendem os interesses individuais (pessoais) e a dos que defendem os interesses coletivos. Do ponto de vista ético, tanto uns como outros, podem estar dispostos a matar ou a morrer por suas posições ideológicas. Em seus extremos encontramos aqueles que são capazes de matar para defender interesses próprios, pessoais, e a dos que são capazes de morrer, de dar a vida, em defesa dos interesses coletivos, que não são seus e sim, da coletividade. Essas duas posições dividem as correntes políticas, que podemos chamar de individualistas e solidaristas.

A partir desse posicionamento: individualistas e solidaristas é que devem ser examinadas as bandeiras e as proposições, e contextualizadas as terminologias.

Cidadania é uma palavra-chave para os dias atuais, entendida dentro de uma visão solidarista, onde se incluiu um posicionamento de **cidadania** para todos. A defesa dos mais desprotegidos da sociedade, para que também possam exercer a sua cidadania. Nesse sentido, a palavra cidadania se aproxima da visão democrática, da ideal democracia, para todos, sem exclusões. Corresponde a uma real igualdade de oportunidade para todos, ao atendimento preferencial aos mais necessitados, e à construção de uma sociedade sem oprimidos e opressores.

É falsa a visão de que os mais capazes devem ter mais direitos. Essa é uma visão individualista e egoísta. Devem ser dadas condições efetivas para que os menos capazes possam alcançar condições de exercer plenamente a sua cidadania.

A questão da justiça social está intimamente ligada à questão da cidadania e à visão individualista ou solidarista.

Não acreditamos que as teses do neoliberalismo

econômico possam construir uma sociedade socialmente justa. Isto só será possível no dia em que os valores humanos, em sua média, forem alterados para que, dentro de uma visão de fraternidade, possa o homem se fortalecer e amparar uns aos outros.

CIDADANIA E JUSTIÇA SOCIAL

Outra questão fundamental, dentro da análise de Justiça Social: a questão dos desempregados. Na verdade, o Estado não pode ser omisso em relação aos problemas coletivos da sociedade, esperando que a economia de mercado venha resolvê-los. Ele, o Estado, tem responsabilidade direta para com todos os cidadãos.

Esperar que a economia de mercado resolva a questão da pobreza extrema, corresponde a uma visão distorcida da realidade. Enquanto o homem for o lobo do próprio homem, não há como entregar a coletividade desprotegida à ganância de interesses privados. Certamente a postura neoliberal, individualista, não oferece elementos para contribuir com essa transformação. A eliminação gradual da pobreza extrema depende, fundamentalmente, da participação do Estado que tem em seus objetivos básicos a promoção do bem estar social.

Assim, o Estado, para ter legitimidade de prender o delinquente, precisa primeiramente dar condições para uma existência digna ao cidadão. Não há lógica, nem legitimidade para a atuação do Estado, de não oferecer condições de vida digna, de trabalho, e exigir um comportamento correto dos cidadãos.

Por outro lado, é certo que mudanças sociais reais dependem da transformação do próprio homem e não do resultado de uma ação governamental, tão somente. A construção de um mundo de Justiça Social, onde não exista a pobreza extrema – a miséria – depende necessariamente da transformação do ser humano, em seus valores. Enquanto os valores forem do ter, do poder, do egoísmo, do individualismo, do patrimonialismo, do corporativismo, do salve-se-quem-puder, teremos miséria e pobreza extrema. Somente quando os valores espirituais, de solidariedade humana sobreporem à força do individualismo é que teremos uma verdadeira transformação da sociedade para uma sociedade humana condigna.

A base para a construção de uma sociedade justa está no reconhecimento da fraternidade universal, no reconhecimento de que todos os seres são irmãos em essência, de que ninguém conseguirá verdadeiramente ser feliz isoladamente, de que a felicidade de um depende da felicidade de todos.

DEMOCRACIA E ESTADO

Normalmente temos uma visão equivocada do "Estado". A visão corrente é que o Estado é "ente isolado", que violenta os direitos individuais. O Estado como uma entidade incompetente que explora, que impõe, que pune, que é totalmente insensível. Bem, o Estado pode ser tudo isso se admitimos que assim é o Estado.

Em verdade, o Estado é o resultado natural da vida em sociedade. A natureza do ser humano é gregária e é imperioso que sejam criadas regras para o convívio pacífico dos cidadãos. Regras que precisam ser cumpridas, e daí temos um novo elemento, que é a necessidade de uma organização social que faça cumprir as regras estabelecidas.

A história da humanidade revela que em tempos antigos, o cacique, o rei, o faraó, o ditador determinavam as regras e seu cumprimento em "seus" domínios. Tudo feito pela força. Aos poucos foi se criando uma nova visão de cidadania, uma visão de que os cidadãos deveriam ter o direito de se auto-administrar, criando-se os Estados Democráticos. O regime democrático como uma nova organização social baseada na justiça e na igualdade de oportunidade tem um valor extraordinário. Contudo, a verdade é que os mais poderosos rapidamente se apropriaram da organização social estabelecida, ou seja, apropriaram-se do "Estado" e o Estado passou a ser uma "entidade a serviço dos mais poderosos". Essa é a realidade na quase totalidade de países democráticos. Existe uma organização social, onde os representantes são eleitos, mas onde o poder econômico fala mais alto e consegue colocar o Estado a seu serviço, ao invés de estar a serviço da totalidade, da coletividade.

Mas essa é uma distorção do que é o Estado. O Estado, em realidade, é o resultado natural de uma sociedade organizada. O Estado é a própria sociedade organizada. O problema é o "direcionamento" dessa organização. A serviço de quem? Ele, o Estado, deve ser fraco ou poderoso?

Se o Estado é um poder opressivo à sociedade, ele realmente não representa os interesses da coletividade, mas de apenas uma parte dela. A organização social deve estar a serviço da coletividade. **Esse é o correto direcionamento**. Certamente, deve ser forte, mas forte a serviço da coletividade. Quando Pitágoras defendeu o Estado ele não estava defendendo um Estado despótico, um Estado tirano, mas a organização social fundada na justiça, na harmonia social e no bem-estar social.

Cremos que devemos defender a existência de uma organização social forte, justa, harmoniosa, onde nenhum cidadão fique abandonado, que o lema maior seja "um por todos e todos por um".

TAMANHO DO ESTADO

Há um debate presente na sociedade: qual deve ser a abrangência da atuação do Estado.

Duas posturas opostas se defrontam: a dos que querem o Estado Mínimo e a dos que querem o Estado Abrangente, em especial o Estado Social. A matéria é complexa e exige aprofundamento.

Na periferia do debate aparecem os neoliberais que acusam o Estado de burocrático, incompetente, corrupto, omisso, despreparado, preso às disputas políticas e que não cumpre com suas obrigações, sustentando a privatização das atividades do Estado. Por outro lado, há outros que acusam os neoliberais de mercantilistas, usuários do poder, dos recursos do Estado com objetivo específico de lucro, de levar vantagem, prejudicando os interesses sociais.

As atividades do Estado são tão amplas que necessitam da participação das atividades privadas e da sociedade civil de uma forma geral. É importante que o Estado seja eficiente, sem excesso de rotinas que emperram a máquina pública, que utilize a atividade privada sem que essa utilização descaracterize as funções do Estado, não o colocando a serviço de interesses privados pessoais ou de grupos.

Rever os modelos que limitam a agilidade dos processos

é essencial. Privatizar depende de muitos fatores.

Não há como se dizer que o Estado é competente ou incompetente. O Estado como entidade, como instrumento da organização social, não tem como ser competente ou incompetente. O Estado é um instrumento da sociedade para a sua administração. Não passa de instrumento. O Estado pode ser bem ou mal administrado pelos governantes. Pode ser administrado com vista ao interesse coletivo ou ao interesse de grupos. Pode ter uma administração honesta ou desonesta. O Estado em si não tem como ser honesto ou desonesto, não tem como ser competente ou incompetente.

Da mesma forma, o Estado pode ter uma legislação que faça a sua administração lenta ou não. O dirigente pode ser uma pessoa totalmente contra o modelo, mas ter que se submeter a uma legislação limitadora, que entrava a administração Estatal. Inquestionavelmente, é necessário eliminar os processos "burocráticos" que limitam a administração pública. Não se justifica uma administração que não seja rápida e eficaz.

O Estado tem obrigações fundamentais para com os seus concidadãos, que não devem ser delegadas. As nossas ruas estão cheias de crianças abandonadas e de famílias de rua. A organização social vigente, com uma democracia competitiva, onde estão empresas e pessoas lutando umas contra outras, buscando o lucro e o resultado financeiro, produz uma sociedade injusta, desumana e insana. É obrigação de todos os cidadãos e mais especialmente do Estado organizado, dar solução aos problemas sociais. Dar solução significa assistência, mas muito mais do que isso: significa dar condições para que os cidadãos tenham alimentação, moradia, estudo, lazer e oportunidade de retos meios de vida. É importante o assistencialismo, mas é mais importante que possamos criar uma sociedade justa, que não dependa de assistencialismo.

O ORÇAMENTO E A SUPERAÇÃO DA MISÉRIA

A questão nos parece extremamente simples: quando se define o orçamento, seja da União, dos Estados ou dos Municípios, está sendo definido qual o percentual dos recursos governamentais que serão destinados especificamente "ao ser humano". É fundamental que existam recursos para infraestruturas: pontes, estradas, aeroportos e tudo o mais que diga respeito ao desenvolvimento de um país e do mundo. Mas é fundamental que existam recursos para o atendimento direto dos cidadãos, mais especificamente para criar condições de que todos tenham alcance **a retos meios de vida**.

Em nossa lógica, para qualquer projeto que pretenda o ente governamental empreender, terá que disponibilizar recursos em seu orçamento. Se assim é, fundamental é que a sociedade civil possa acompanhar, opinar, interferir nos orçamentos governamentais.

Certamente, temos os nossos representantes no Poder Legislativo para essa interferência, mas a questão é de tamanha importância que a sociedade civil deve interferir diretamente.

A prioridade deve ser o ser humano.

CONSUMISMO, PATRIMONIALISMO E MATERIALISMO

Visivelmente seria possível se viver em uma sociedade simples e humilde, com dignidade, com decência, com compartilhamento, com solidariedade, com fraternidade e com felicidade. Basta que nessa sociedade ideal, os valores humanos não estejam assentados no ter, no consumo, na insensibilidade, na indiferença pelos outros e no desamor.

Temos uma sociedade de conflitos porque está assentada em valores equivocados, que não promove o bem viver. Houve tempo em que os valores humanos principais estavam alicerçados na salvação da alma, na religião e aí então milhares de templos foram criados, pelo menos aqui no Ocidente. Os valores ora vigentes impõem uma sociedade humana centrada no ter. Cidadãos vão às Igrejas para pedir. Pedir emprego, pedir melhores condições de vida, pedir saúde, pedir para ganhar na loteria, e assim por diante. Seguidamente assistimos pelas televisões programas que nos mostram os benefícios materiais adquiridos pelos crentes daquela religião, estimulando para que as pessoas se agreguem a ela para ter mais bens materiais.

Uma sociedade patrimonialista, fundada no ter, só pode ser uma sociedade de conflitos. Porque os que mais têm, querem ter mais, e os que menos têm, também querem ter. O que importa é o ter. Ter um carro, depois dois, ter uma casa, depois duas e assim vai. Nessa sociedade não há o compartilhar, porque para compartilhar é preciso abrir mão de parcela do que se tem, e essa não é a filosofia preponderante.

Uma sociedade centrada no ter é uma sociedade insensível, desumana, uma sociedade conflituosa. É uma sociedade materialista, individualista e certamente equivocada, eis que a felicidade não está no ter, mas no ser, que é outro estado de alma. É o estado de alma de quem vive bem com o que tem, vive bem em qualquer circunstância. Vive melhor ainda servindo, ajudando, apoiando, sendo solidário com as necessidades dos demais irmãos que compõem a humanidade. No Talmud, Livro Sagrado Judaico, encontramos a afirmação "rico é quem é feliz com o que tem". Com esse valor assente em nossa sociedade viveríamos todos em perfeita alegria e felicidade, independente de ter ou não ter, e, mais ainda, viveríamos em plenitude no servir, no compartilhar.

Em nossa sociedade individualista, patrimonialista, desaparece o valor da simplicidade, o valor altruísmo. Assim, os chamados "pobres" se sentem injustiçados e por força dos próprios valores da sociedade lutam para também ter, para também consumir.

Não que o **consumir** em si seja um mal, pelo contrário, é um bem. O mal está na prevalência do valor do consumir, do ter, sobre o valor da satisfação com uma vida simples, da satisfação em valores espirituais mais altos, na satisfação de viver uma vida compartilhada.

— CAPÍTULO VII —

A CONSTRUÇÃO DE UMA SOCIEDADE NOBRE

O tema **a construção de uma sociedade nobre**, uma sociedade digna da raça humana, contém a seguinte pergunta: Como devemos agir para que possamos construir uma sociedade nobre, uma sociedade onde reine a paz, o entendimento, a solidariedade humana, uma sociedade justa, alegre e harmoniosa?

A vida em sociedade, que é uma exigência da natureza humana, é uma vida de relações.

Os seres humanos, ao longo de milhares de anos têm vivido neste planeta e, certamente, durante um longo período, o sistema básico de vida, de relações humanas, foi o da força.

Os mais fortes fisicamente dominavam os mais fracos. Com o correr dos milênios, com o desenvolvimento da inteligência, o uso da força física cedeu lugar para a força da inteligência, que, por sua vez, utiliza também dos avanços provenientes deste desenvolvimento – a tecnologia, por exemplo – para impor e submeter os mais fracos.

Neste vasto período de evolução, o egoísmo tem sido o fator determinante do uso da inteligência e da força bruta no estabelecimento das relações humanas.

Contra essa liberdade selvagem, pouco a pouco, construiu-se o Estado de Direito, organizou-se o Estado, buscando-se a prevalência de despotismo.

É extremamente significativa, para a construção de uma sociedade nobre, a célebre divisa da Revolução Francesa: "Liberdade, Igualdade e Fraternidade", que despertou intenso entusiasmo, aclarando as mentes humanas. Mas, em seu nome, foram cometidos erros que negavam o próprio ideal.

O ideal de liberdade transformou o mundo, liberando-o do absolutismo, do colonialismo, da opressão.

A história da humanidade reverencia vultos que, de formas diversas, lutaram pela liberdade: como Annie Besant, Nehru e Gandhi, na Índia; como Artigas, Bolivar, Zapata e José Marti na América Latina; Lincoln nos Estados Unidos; Tiradentes e Gonçalves Ledo no Brasil; e ainda hoje Mandela na África do Sul.

Enunciou a pensadora Annie Besant um novo conceito de liberdade que, por assim dizer, resume e sintetiza este ideal, como meta a ser buscada pela humanidade, assim se expressando:

> *"Ninguém é realmente livre, nem pode realmente exercer plenamente o seu direito à liberdade, nem ajudar a criar ambiente social adequado para essa mesma liberdade, dentro da coletividade, se não souber subordinar as suas tendências inferiores às suas aspirações mais altas. Se não adquirir a necessária paz e equilíbrio interior, irradiando ao seu redor e através de seu lar e de sua ação no mundo, essa mesma paz e esse mesmo equilíbrio. Só assim podem ser removidos a ambição, a cobiça, os desregramentos, a sede insaciável de sensações e de prazeres, de poder e de mando, de conforto e indolência, que são as causas da exploração e do sofrimento humano. São ainda a origem de todas as limitações e entraves que o ambiente social de hoje apresenta à liberdade plena de cada um de todos. A realização desse ideal exige a eliminação gradual de todos os preconceitos, fanatismos e odiosidades que impliquem em qualquer restrição à igualdade de oportunidade à Fraternidade Humana".*

O ser humano só encontra paz quando consegue desprender-se de seu "eu de superfície" com as suas variadas sub modalidades. Em geral, quando isso acontece, produz-se uma verdadeira revolução interior, que inverte para aquele ser humano todos os valores morais e sociais. Os objetivos externos perdem toda a importância. O entusiasmo resultante da comunhão com as forças vitais da sua espiritualidade interna passa a ser a única coisa importante. É a crise de consciência deste gênero que é a origem de todas as grandes realizações humanas, assim como das vidas consagradas dos Santos e dos Sábios.

Se soubermos realizar em nossas vidas essa liberdade moral, teremos enobrecido e enriquecido a nossa existência, com a plena comunhão com as nossas energias espirituais interiores, e poderemos viver uma vida plenamente livre, construtiva e harmoniosa, constituindo-nos em centros irradiadores de elevação, harmonia e paz, em nossos lares, em nossa pátria, no mundo, enfim. E deste modo contribuiremos para fazer a nossa gente, o nosso povo, o nosso país, mais felizes, mais sadios, mais prósperos, mais ricos, material e espiritualmente. E daremos ainda às novas gerações um exemplo, realmente construtivo e digno, de uma vida harmoniosa e feliz, com o pleno aproveitamento de todas as oportunidades de bem servir.

O maravilhoso ideal de liberdade moral perfeita foi-nos enunciado pelo Sidarta Gautama, o Buda, no texto sagrado do Anguttara-nikavi:

> *"As tendências para as exterioridades, em mim mortas estão, extintas e arrancadas as suas*

raízes.

Assim como o lótus encantador e belo não é maculado pelas águas,

Assim também a mim não me macula o mundo,

E por isso, ó Brahmane, eu sou o Buda".

Conscientes da necessidade de se efetivar neste mundo o ideal do cidadão perfeito, dentro do Estado perfeito, na construção de um mundo de paz e compreendendo a necessidade que o mundo tem de conhecer estes ensinamentos, bem como de ter a verdadeira visão do que é a liberdade, cumpre-nos agir para introduzir efetivamente tão elevados objetivos no convívio social.

Alguns países do mundo deram ênfase ao ideal de liberdade, enquanto outros, ao da igualdade.

Como a liberdade e a igualdade conquistadas eram superficiais, calcadas em valores externos, transitórios, resultaram em fracasso os sistemas.

Nos países onde a **liberdade** foi priorizada, essa liberdade exterior alcançou apenas parte da população, prevalecendo a face cruel do neoliberalismo econômico e o individualismo.

Nos países onde se priorizou a **igualdade**, sendo esta também externa e sem liberdade, o sistema resultou em fracasso, com insatisfação geral.

Qual, então, é o princípio que deve prevalecer: o da liberdade ou o da igualdade? Qual é o caminho?

Uma visão superficial pode levar ao entendimento de que onde há liberdade é impossível a igualdade e de que onde há igualdade é impossível a liberdade. É uma falsa conclusão a de que um princípio exclui o outro.

A visão espiritualista é aparentemente paradoxal. Assim, como no desenvolvimento espiritual individual precisamos adquirir qualidades contraditórias na aparência, mas que, na verdade, são complementares: o ser humano precisa ser, por exemplo, simultaneamente prudente e ousado, espontâneo e disciplinado, forte e sensível, sábio e humilde, e assim sucessivamente.

Assim, de igual forma, no plano coletivo da organização social, a liberdade implica no desenvolvimento da igualdade. Só existe verdadeira liberdade entre iguais; só existe verdadeira igualdade em liberdade.

A bandeira da Revolução Francesa, com certeza divinamente inspirada, com precisão fixou:

"Liberdade, Igualdade e Fraternidade".

São princípios sociais eternos. Em qualquer época, em qualquer civilização, em qualquer galáxia, uma sociedade nobre deve ser livre, igualitária e fraterna. Mais do que isso: a liberdade e a igualdade essenciais para a construção de uma sociedade nobre somente poderão ser efetivadas a partir da Fraternidade Humana.

Essa realidade fez com que a pensadora Annie Besant, uma socialista que trabalhou pela independência da Índia, e por isso chamada naquele país de A Mãe da índia, afirmasse:

> *"Não creio no socialismo que toma,*
> *só creio no socialismo que dá".*

Aí está o segredo, a base fundamental para a construção de uma sociedade nobre: a Fraternidade.

A Fraternidade, por sua vez, depende fundamentalmente da transformação de cada um de nós e da expressão de nossas potencialidades internas.

Em outras palavras: não há regime, sistema ou forma de governo, estrutura externa, que possa garantir uma sociedade nobre. A construção de uma sociedade nobre depende única e exclusivamente da regeneração humana, a partir do individuo.

É no reconhecimento da ilusão de separatividade, no reconhecimento da unidade fundamental de todos os seres, que estão as bases para a construção de uma sociedade nobre.

Anne Besant buscou sintetizar essa visão da unidade da vida, que envolve esse sentido de unidade intrínseca de todas as criaturas, de que estamos todos no mesmo barco, de que somos todos interdependentes e complementares, em um Mantra, conhecido como o Mantra da Unidade, do seguinte teor:

> *"Oh, Vida Oculta que vibras em cada átomo,*
> *Oh, Luz Oculta que brilhas em toda criatura,*
> *Oh, Amor Oculto que tudo abranges na Unidade.*
> *Saiba todo aquele que se sente UNO contigo,*
> *Que ele é, por isso mesmo,*
> *UNO com todos os outros".*

É no reconhecimento da natureza divina de todos os seres humanos, integrantes de todas as raças, de todas as religiões; no reconhecimento de uma verdadeira Fraternidade, não externa, mas real, efetiva, intrínseca, de que somos mais do que irmãos, de que somos criaturas feitas do mesmo barro, é que encontramos as bases para a construção de uma sociedade nobre.

A Fraternidade Universal – ideal que inspira por tantos movimentos – está na base da construção de uma sociedade nobre.

—— CAPÍTULO VIII ——

SONHAR, QUERER, SABER, PODER E OUSAR

"Tanto melhor serviremos a Deus,
Quanto melhor servirmos ao homem,
nosso irmão".

Um mundo sem fome, sem miséria, sem analfabetismo, sem mortalidade infantil e de gestantes. Um mundo sem doenças. Um mundo com proteção ambiental e qualidade de vida, com a participação de todos nesse empreendimento, depende, sobretudo, de uma atuação inteligente.

Qualquer empreendimento, diz um antigo texto, depende de:

SONHAR,
QUERER,
SABER,
PODER e
OUSAR.

SONHAR

O primeiro passo de todo o empreendimento está no sonhar e no aspirar. Grande parte da humanidade vive sem sonhos. Vive apenas para trabalhar, comer, dormir e atender os desejos sensoriais. Sonhar por um ideal corresponde a sua germinação no coração do ser humano. Tudo tem início em nossos sonhos, em nossas aspirações

QUERER

É preciso que o querer seja uma tomada de consciência de que é preciso fazer, que seja uma decisão interna, uma afirmação da consciência: eu quero.

SABER

Certamente não basta querer, mesmo que esse querer seja intenso. É preciso saber. Saber como atuar para vencer os desafios apontados. Muitos livros têm sido escritos sobre os problemas sociais. Eminentes pensadores têm manifestado o seu entendimento. Temos as Faculdades de Ciências Políticas, de Ciências Sociais, as cadeiras de Sociologia, de Antropologia que têm se aprofundado na questão. A matéria é muito vasta e de grande importância.

Os sociólogos e antropólogos apontam-nos como tem ocorrido a transformação das sociedades. Têm-nos indicado que diante de certas circunstâncias, tribos violentas se transformaram em tribos pacíficas e vice-versa. Os sociólogos indicam dois fatores principais nessa transformação: a sugestão e a imitação. Daí a importância da divulgação dos exemplos de magnitude, de honradez, de ética, de estética, de grandiosidade, de fraternidade, de humanidade, para que sejam imitados, transformando-se em novos paradigmas.

I. O Conhecimento das Leis da Natureza

Deve-se buscar conhecer “as leis da natureza”, as leis cósmicas imutáveis que ordenam o Universo. No Budismo, é apontado o óctuplo caminho de perfeição, sendo o primeiro passo “a reta percepção”, também traduzido por alguns como “reta doutrina” e por outros como “reta visão”. O sentido mais profundo desse primeiro passo do óctuplo caminho do Budismo é exatamente a necessidade do conhecimento da manifestação cósmica em seu aspecto transcendental.

O sábio filósofo Krishnamurti em seu livro “Aos pés do Mestre” destaca que no mundo existem dois tipos de pessoas:

as que sabem e as que não sabem, referindo-se exatamente ao conhecimento das leis da manifestação cósmica. Dando como primeiro passo para a evolução o "discernimento" entre o real e o irreal, entre o eterno e o transitório.

O "saber" é essencial até mesmo nas coisas mundanas e transitórias, como saber fazer um pão ou saber fazer corretamente um foguete.

O grande gênio Albert Einstein proclamou: "Deus não joga dados", dizendo com isso que o mundo não é uma manifestação cósmica caótica, mas que, pelo contrário, vivemos em uma manifestação com leis da natureza confiáveis. Se plantarmos uma espécie não colheremos outra. Se plantarmos pouco não colheremos muito. Existe uma perfeita e dinâmica relação entre causa e efeito.

II. A Lei de Causa e Efeito

A lei de causa e efeito é a primeira lei da natureza que precisamos conhecer e aplicar em nossas vidas e na vida coletiva. É conhecida entre os brâmanes como Lei do Karma. Assim, se pretendemos um resultado, precisamos ir às causas e atuar corretamente para obter o resultado desejado. Se uma pessoa bebe, ficará embriagada, se outra come excessivamente, ficará gorda. Não se trata de castigo, mas o resultado natural da prevalência dessa lei eterna, imutável e confiável. Pela lei universal de causa e efeito, vivenciaremos os resultados ao permitir a existência dos "sem teto", dos "sem comida", dos "sem escola", dos excluídos, que vivem na miséria humana. Há um ditado que diz: "se queres segurança, cuida que seu vizinho não passe fome".

Aí um personagem vem e diz: "fiz tudo e não consegui nada, joguei sementes pelo mundo afora e nenhuma germinou. Joguei sementes nas estradas, no asfalto, na terra e nada, nenhuma germinou". Ora, sementes não nascem no asfalto e sim na terra. É preciso que haja a preparação da mesma, que seja corrigida, adubada, sendo as sementes de boa qualidade e lançadas na época própria, como ainda deve haver a correta irrigação e proteção contra pragas. Se a semeadura for correta, a colheita é inevitável. Se, ao revés, a semeadura não for correta, a colheita é inviável.

III. Não há Progresso sem Esforço

Outra lei da natureza que precisamos ter presente é a lei de que "não há progresso sem esforço". Normalmente a nossa dificuldade está em nós mesmos, em nossa inação e omissão.

Essa lei é uma decorrência da lei anterior. Para colher é preciso plantar. Para ter resultados é preciso agir. Martin Luther King disse que "pior do que os poucos que muito mal nos fizeram, fez a grande maioria, que ficou sentada sem fazer nada" . E em outra oportunidade acrescentou: *"O que mais me assusta não é grito dos violentos, mas o silêncio dos bons"*.

IV. A Ausência de Qualidades

Para a tradição oriental, especialmente bramânica, a manifestação cósmica é trina – Shiva, Vishnu e Brahma –, com grande semelhança ao ensinamento cristão da trindade – Pai, Filho e Espírito Santo –, como também em outras religiões – Horus, Isis e Osíris –. Essa manifestação cósmica corresponde às três qualidades fundamentais: **vontade, sabedoria e amor.** Conforme essa tradição, os erros fundamentais da humanidade correspondem a ausência total ou parcial dessas qualidades. Afirma que a saga da alma humana corresponde ao desenvolvimento dessas qualidades, dessas virtudes. Diz, ainda, que o ser humano, apesar de uno, se expressa trinamente, em correspondência com a divindade, e que essa expressão se faz através de atos, pensamentos e sentimentos.

Nessa tradição as "ausências" correspondem aos problemas

do ser humano. Assim, a falta de **vontade**, de energia, de fé e de determinação produz a descrença, a preguiça, a omissão, a inércia; a falta de **sabedoria**, falta de discernimento entre o bem e o mal, falta de percepção das leis cósmicas acarreta a ignorância, mãe de todos os males; a falta de **amor**, de harmonia, de sensibilidade acarreta o desamor, a insensibilidade, base da violência, das guerras e das maldades.

Estudos relatam que a ausência dessas qualidades fundamentais – **vontade, sabedoria e amor** – ocasionam todos os problemas humanos, individuais e coletivos. Que qualquer dessas "ausências" acarreta problemas na humanidade. Que a ausência de uma delas é suficiente para acarretar os problemas humanos. Veja-se, por exemplo, o comportamento dos integrantes das Cruzadas: cheios de amor, pela religião, cheios de determinação, desembainharam as espadas para converter os "hereges". Ou seja, faltou sabedoria e essa falta de sabedoria provocou os equívocos de suas escolhas. Na ausência de sabedoria fizeram cruzadas com crianças, sob o pressuposto de que um exército de inocentes derrubaria o inimigo.

V. A Vida Humana é Uma Vida de Relações

No estudo das leis da natureza, cabe observar que a vida humana é uma vida de relações. O ser humano é um ser gregário.

Não tem sentido a vida isoladamente. Só existe uma forma saudável de relação humana: calcada no amor, na solidariedade, na cooperação e na harmonia, que produz felicidade, alegria, bem-estar, êxtase e plenitude.

Se uma pessoa for lançada em uma ilha desabitada, como na estória de Robson Crusoé, e essa pessoa, que não gosta de mangas, por exemplo, tiver conseguido levar um machado, poderia derrubar as mangueiras sem qualquer problema. Na verdade estaria prejudicando apenas a si mesmo, pela falta da sombra, dos frutos, do prejuízo causado pelo desequilíbrio ecológico, podendo inclusive perder uma nascente. Mas não teria nenhum problema "social". Mas se nesta mesma ilha aparecesse uma segunda pessoa, como o Sexta-Feira na estória mencionada, essa segunda pessoa poderia dizer "não faça isso, eu gosto de mangas" e aí teríamos um impasse. Certamente poderia um matar o outro. Poderiam ficar atirando pedras, um no outro. Poderia um se submeter ao outro. Mas a única forma de solução saudável seria obviamente a da cooperação, da solidariedade, da amizade, do amor, do entendimento entre os dois. Falamos do óbvio, mas nem sempre percebido pelos seres humanos. Isso se aplica a duas pessoas vivendo em uma ilha ou 6 bilhões de pessoas vivendo no planeta terra, solto no espaço, girando em velocidade vertiginosa. A realidade é uma só: só existe uma forma de relação saudável entre os seres humanos: o da solidariedade. Atuação contrária a essa lei básica da manifestação cósmica produz apenas sofrimento e dor. **Não há ideologia superior à solidariedade.**

VI. As Ideias Governam o Mundo

Outra visão necessária na construção desse mundo de paz e felicidade está na percepção de que "as ideias governam o mundo". O mundo é o que é a sua cultura, a sua mentalidade, os seus paradigmas. Mais forte que a espada, são as ideias. A sociedade evolui na medida em que evoluem os seus valores. Quanto mais altos os ideais de uma sociedade, mais elevados se tornam as aspirações nacionais.

VII. A Teia da Vida é Única

"Do macrocosmo ao microcosmo a teia da vida é única". Estamos todos nós, seres humanos, interligados e somos interdependentes. Quando um homem fere outro homem, ele fere a toda a humanidade e fere a si próprio. Toda a manifestação cósmica faz parte de uma mesma vida harmônica, ordenada, onde o equilíbrio é a tônica fundamental. Desde os átomos até os sistemas solares, os sistemas galácticos, a manifestação cósmica é um todo ordenado, onde existe um perfeito equilíbrio. Antigamente nós falávamos na natureza como algo distinto de nós e que poderíamos explorar indefinidamente. Hoje a ciência sabe que nós pertencemos à natureza e que quando a agredimos estamos agredindo a nós mesmos. Assim, não há solução para a humanidade fora da solidariedade, do compartilhamento e da amorosidade.

VIII. Foco Continuado – Perseverança

O êxito nos empreendimentos depende de foco, de concentração de esforços, que precisa ser continuado e não ocasional. A natureza não dá saltos e por isso é preciso atuar com perseverança sabendo que é preciso semear hoje para colher amanhã.

IX. O Ensinamento das Ciências Sociais

Os sociólogos e antropólogos têm demonstrado em suas experiências que uma sociedade humana se transforma através da sugestão e imitação. É preciso utilizar esse conhecimento científico para a melhoria das condições humanas. Esse processo de sugestão e imitação tanto pode acontecer de uma forma positiva como de uma forma negativa e por isso a importância é para a sinalização dos exemplos positivos, criativos e humanitários, de generosidade, de solidariedade e de cidadania para conquistar mentes e corações, usando amplamente a mídia.

X. Massa Crítica – Consciência Coletiva

Um valor equivocado da sociedade permanece enquanto existe uma mentalidade que o sustenta. Por isso é preciso criar uma massa crítica, uma consciência coletiva, em sentido contrário, que permita estabelecer novos paradigmas. Durante séculos convivemos com a escravidão. Os abolicionistas eram uma minoria, mas pouco a pouco foram criando uma nova mentalidade, que acabou se impondo como uma nova realidade. Aquilo que era, até poucas décadas, reconhecido na lei como válido – a escravidão – hoje tem o repúdio total da humanidade. Foi a soma da atuação individual, com o exemplo daqueles que concretamente libertavam escravos, que permitiu a adoção de uma nova mentalidade, criando um novo paradigma.

O PODER – AUTOCONFIANÇA

A soma das forças vivas de uma nação, de um povo, de uma coletividade – somando-se a sociedade civil com a administração pública, com os meios de comunicação –, e a utilização dos princípios anteriormente apontados, poderemos realmente fazer a transformação, afirmando o que é real: "Sim, nós podemos".

Exemplo marcante em nosso país foi a mudança da Capital da República do Rio de Janeiro para Brasília. Conquista alcançada pelo foco (a meta das metas), pela determinação, pela fé inquebrantável, pela perseverança e pelo apoio das forças vivas da Nação, da administração pública e da sociedade civil. Fez-se o milagre.

O poder é também o poder da confiança, o poder da vontade positiva, da mente positiva. Há um pensamento que diz: *"Quem não crê em si marcha para trás. A força que te impele para a frente é a decisão firmada em tua mente"*.

Os atletas, os desportistas, os artistas sabem perfeitamente que a sua performance depende fundamentalmente de sua autoconfiança.

OUSAR

Temos que ousar fazer, para que os nossos propósitos não se transformem em meros sonhos.

"Em vão o coração conceberá e o celebro delineará se pronta não estiverem as mãos que hão de executar os Seus desígnios", diz um texto sagrado.

CAPÍTULO IX

ECOLOGIA
UMA DIMENSÃO ESPIRITUAL

A questão da fome e da miséria, sob o enfoque da ecologia, deve ser examinada em uma dimensão espiritual. Durante milhões e milhões de anos vivemos como que existindo uma distância entre os seres humanos e a natureza. Acreditávamos que a natureza, tão imensa, seria inalcançável. Que por mais que a explorássemos, que a destruíssemos, ela se manteria intacta. O desenvolvimento da ciência e da técnica, especialmente do trator, da moto serra, dos guindastes, dos agrotóxicos e tantos outros recursos tecnológicos, somados à ganância humana, mostraram que o entendimento anterior estava equivocado. Permitiu-nos perceber que nós pertencemos à natureza e que fazemos parte dela. Que nós somos a própria natureza. Mais ainda, permitiu-nos perceber que a nossa insensatez poderá levar à destruição da humanidade.

A manifestação cósmica é surpreendentemente harmoniosa e bela. Veja-se que enquanto uma bala de fuzil tem uma velocidade de 1 quilômetro por segundo, o planeta terra tem uma velocidade em torno do sol de 30 quilômetros por segundo, o qual por sua vez gira em torno da galáxia a uma velocidade de cerca de 240 quilômetros por segundo. Se pensarmos que vivemos em uma esfera solta no espaço girando nessas velocidades vertiginosas sem sermos arremessados no espaço, e que, simultaneamente, caminhamos sobre a terra em perfeito equilíbrio, graças à extraordinária força da gravidade, começaremos a perceber essa maravilhosa harmonia cósmica.

Com perfeição destacou a Carta da Cidadania Planetária:

> *"Acreditamos que a vida é regida por leis cósmicas. A água molha, o fogo queima, a chuva cai, a semente germina, o botão se transforma em flor, ao inverno segue a primavera, ao verão segue o outono, o amor constrói, traz felicidade e alegria. Cosmo, galáxias, sóis, planetas, minerais, céu, terra, nascentes, rios, oceanos, vegetais, animais, seres humanos são interdependentes e complementares. Do macrocosmo ao microcosmo a teia da vida é única. A vida é inteligente e amorosa, tudo faz parte de um equilíbrio perfeito e harmonioso".*

Do macrocosmo ao microcosmo a teia da vida é bela, harmoniosa, perfeita. O nascimento, o crescimento a morte são processos de extraordinária beleza. Um ritual mágico, preciso, majestoso e sagrado.

Ressalte-se, ainda, da Carta da Cidadania Planetária:

> *"Em nossas efêmeras e transitórias vidas, somos os cidadãos e cidadãs do Planeta. As divisões que criamos são artificiais, um equívoco, eis que o Planeta é um só. Somos os tripulantes da Nave-Terra, somos a própria Terra, e é fundamental a união amorosa de todos, para uma viagem feliz, para a preservação da humanidade e da vida planetária, nessa saga maravilhosa da nossa Mãe-Terra girando harmoniosamente rumo ao infinito".*

Em nossa insensatez, em nossa ganância destruímos as nossas florestas, os nossos animais e a própria terra.

A humanidade, os seres humanos, todos, fazemos parte da unidade da vida. Todos somos parte da mesma manifestação cósmica.

CAPÍTULO X

O PODER DAS PALAVRAS

A manifestação cósmica é uma vibração harmônica em níveis diferenciados: tudo vibra.

A palavra é uma vibração. A palavra tanto pode criar dissonância, irritação, dissabor, como pode, por sua vibração harmoniosa, por sua ternura, sua doçura, criar paz, amor, bem-estar, felicidade. A palavra é um poder.

O poder da palavra se torna evidente no expressivo poder da oração, que estabelece uma conexão direta entre quem ora e a sua fonte de vida, a sua consciência, podendo levar a estados de inspiração de bem-aventurança e plenitude.

A sabedoria está em manter esta sensibilidade, essa plenitude, de forma permanente, independentemente das circunstâncias externas.

A Oração se faz para agradecer, para abrir-se ao divino, para buscar fortalecer os laços internos com a consciência, para buscar um auxílio na autotransformação.

Inúmeras e poderosas orações existem em todas as tradições e religiões. Destaque-se o "credo" da Igreja Católica Liberal, que, de maneira extremamente feliz, proclama:

"Cremos que Deus é Amor, Poder, Verdade e Luz.
Que uma Justiça Perfeita regula o mundo.
Que todos os seus filhos um dia chegarão a seus pés,
Por muito que se tenham transviado,
Sustentamos a Paternidade de Deus,
E a fraternidade humana,
E sabemos que tanto melhor serviremos a Deus
Quanto melhor servirmos ao homem,
Nosso irmão.
Por isso a Sua Benção repousa sobre nós
Como a sua Paz,
Para sempre
Amém".

Apresentaremos agora uma oração e uma poesia, inspiradas tomando de empréstimo algumas expressões usadas em outras orações e poesias, com enfoque no lapidar da pedra bruta e no auto-aperfeiçoamento.

I
ORAÇÃO SUPREN

"Eu sou um elo da corrente de ouro e de amor que dá volta ao mundo, unindo todas as criaturas.

Que esse elo, que sou Eu, que é meu verdadeiro Ser,

se mantenha puro e forte.

Que as minhas ações, sentimentos e pensamentos

estejam voltados para o ético, para o positivo.

Que minhas palavras sejam harmoniosas, verdadeiras, amáveis e úteis.

Que minhas mãos estejam sempre prontas para servir.

Minha consciência é destemida, inquebrantável, inflexível em princípios. Eu sou o Senhor do meu destino.

Buscarei incessantemente compreender a Sabedoria da manifestação cósmica e humildemente rever preconceitos.

Como ativista da paz, atuarei para a conquista da imprescindível Consciência Coletiva da Amorosidade Universal.

Entrego a minha vida à Sábia e Poderosa Energia do Amor."

É uma oração “supren”. É uma oração que pode ser usada por integrante de qualquer religião ou de nenhuma. É uma oração laica. Laico não significa ateu, apenas que não tem uma coloração em detrimento das outras tradições e religiões. No Estado laico, como é o Brasil, todas as religiões têm o mesmo peso, o mesmo valor, pois há o respeito a qualquer manifestação de credo religioso. Não há discriminação em razão da visão filosófica. A palavra “supren” vem do esperanto, uma língua criada com o objetivo de facilitar a comunicação entre os povos. A palavra “supre” significa “para cima” e quando acrescida de um “n”, que é a indicação do acusativo, passa a significar “em direção ao alto”. Por isso a União Planetária criou a TV SUPREN, uma televisão que tem uma programação direcionada para o alto, para os valores humanos, para o positivo, para o espiritual, para ecumênico, para o holístico.

II
PROCURAM-SE HOMENS E MULHERES DE OURO

Homens e mulheres de ouro são humanos.

Conhecem as suas imperfeições e sabem das imperfeições humanas.

Por isso, não julgam os outros.

Não atiram a primeira pedra, sabem que não estão isentos de equívocos.

Não falam mal das pessoas,

Nem pensam mal das pessoas.

Sabem que o cego não pode ver.

Que o ignorante não tem sabedoria.

Que o descrente não tem fé.

E sabem que cada um só pode dar o que tem.

Mas sabem também que homens e mulheres de ouro não são perfeitos, nem são donos da verdade.

Sabem que as suas próprias verdades podem estar equivocadas.

Não impõem suas ideias, têm dúvidas, respeitam as ideias divergentes.

Sabem que são buscadores da verdade, jamais donos dela.

Reconhecendo suas imperfeições, trabalham humildemente pelo auto-aperfeiçoamento.

Buscam o auto-aperfeiçoamento a serviço da humanidade.

Se esforçam, para serem um exemplo de dignidade, de ética, de correção para o mundo.

Se esforçam, para serem totalmente honestos, sem enganações, sem mentiras – se caracterizando em seres confiáveis.

Buscam manter a mais absoluta pureza de intenções.

Não se movimentam com base em seus interesses pessoais, mas sim com base no interesse da humanidade.

Sabem trabalhar em equipe.

Ouvem atentamente a todas as pessoas do mundo e em especial seus companheiros de jornada.

Ninguém é invisível para eles.

Amam a verdade.

São corajosos, mas prudentes.

São espontâneos, mas disciplinados.

Amam os animais e as plantas.

São sensíveis e expressam alegria.

Amam a vida.

Sabem que para colher, é preciso semear.

Sabem que a natureza não dá saltos.

Sabem que ser feliz é estar contente com o que se tem e mais do que isso ser feliz é um estado de ser.

Valorizam todo o minuto, reconhecendo que a vida é transitória.

São pacientes.

São entusiasmados com a vida.

Sabem que o mundo precisa ser conquistado pelo amor. E que o amor deve conquistar o mundo.

Sabem que o amor não é troca.

Que amar não é ser servido.

Sabem que o amor não é utilitário.

Sabem que o amor tudo vence.

Compartilham.

Sabem que a verdadeira força é a força de vontade.

Sabem que a manifestação cósmica é sábia e bela.

São gentis,

São humanos.

— CAPÍTULO XI —

CONSCIÊNCIA PLANETÁRIA

John, um inglês, filho de um irlandês com uma jordaniana, mora em Madri, com sua esposa Jaqueline, francesa, que brinca com seu filho canadense. Estão em sua casa de campo, um projeto de famoso arquiteto italiano, construída por um ucraniano. Tomam chá da china, em taças das filipinas. John está ao telefone, de fabricação japonesa conversando com seu agente árabe, em persa, que está na Índia, acertando um transporte de mercadoria do Ceilão para o Kazaquistão, enquanto ouvem uma música americana, cantada por uma cantora australiana, em uma rádio russa.

O quadro acima é uma caricatura, mas, inegavelmente, a globalização é um fato.

Há poucos séculos, curto período da história da humanidade, os seres humanos pensavam que a terra era o centro do universo, que estava parada e imóvel. Os núcleos humanos acabaram se unindo em conglomerados, em cidades, cidades-estados, cercadas de muralhas, lutando com os seus vizinhos, na maior parte das vezes em lutas expansionistas. Existiam os bárbaros e os chamados civilizados, que não passavam também de bárbaros. Consideravam legítimo e normal invadir o vizinho, escravizá-lo, apoderar-se de suas riquezas, de suas mulheres e de suas crianças. Até ontem, no século XX, ainda assistimos a Índia ser colônia da Inglaterra, Nigéria da França, Angola de Portugal, para não citar mil outras invasões colonialistas, especialmente na África, onde a maior parte da libertação ocorreu há poucas décadas. Tudo com a maior naturalidade.

No século XX tivemos duas guerras mundiais e contabilizam-se mais de 100 milhões de pessoas mortas. Certamente, no ano 3000, se antes não destruirmos o planeta, seremos caracterizados pelos historiadores como bárbaros. Uma classificação merecida.

Hoje quando lemos notícias de lutas tribais em alguns pontos do planeta, olhamos de cima, como se fôssemos civilizados, sem lembrar das milhares de pessoas que estão morrendo em guerras todos os dias, promovidas pelas grandes potências mundiais. Promovidas com a maior naturalidade, por parte dos governantes dos países beligerantes. Mais constrangedor ainda é que significativa parte da humanidade permanece indiferente a estes acontecimentos.

Passa da hora de se dar um basta à lógica da cultura da guerra.

O planeta é um só. As condições ambientais são uma só. A poluição produzida em qualquer parte do planeta alcança toda a humanidade. Estamos todos na mesma nave espacial, que é o planeta terra. Estamos todos interligados. Somos todos interdependentes.

Fomos convidados para participar, no mês de outubro de 2010, em Astana, Kazaquistão, do Fórum Mundial da Cultura Espiritual, onde falamos sobre "Cidadania Planetária – A Conquista da Consciência Coletiva da Amorosidade". É emocionante ver pessoas e governos dedicados à paz mundial, ao bom relacionamento entre as pessoas e os países. Esse fórum foi realizado em um país muçulmano, sob as expensas governamentais. Sensibiliza ver um país muçulmano realizando um fórum sobre a cultura espiritual, quando no ocidente são feitas referências tão limitadas aos muçulmanos. Participaram centenas de cientistas e representantes de todas as grandes religiões do mundo. Fez-se presente o representante do Papa, que em seu nome deu a sua mensagem; Patriarcas da Igreja Ortodoxa, Rabinos, Monges Budistas e Taoístas e representantes dos mais diversos agrupamentos e tradições religiosos e espiritualistas.

O Brasil é um país laico. É muito importante que o nosso país seja laico, o que significa dizer que não discrimina nenhum credo religioso, nenhuma forma de manifestação da espiritualidade. Contudo, algumas vezes autoridades confundem ser laico com ser ateu, criando dificuldades para um encontro que verse de forma abrangente sobre cultura espiritual.

Na verdade, é preciso que a humanidade dê um passo maior, percebendo que as fronteiras que nos separam, devem, pouco a pouco, se transformar em abraços que nos unam. Os rios são a principal forma do estabelecimento de fronteiras. Ora, os rios pertencem a uma bacia hidrográfica, a uma mesma manifestação de vida. O que for feito contra a natureza em uma das vertentes contaminará todo o conjunto.

A humanidade é uma só. Somos todos mais do que irmãos. Somos participes de uma mesma vida planetária.

Em síntese, a solução dos problemas humanos está em uma nova visão filosófica da vida, está na percepção de que a harmonia cósmica da manifestação é a harmonia que deve presidir a vida dos seres humanos. Está na percepção de que essa harmonia - que pode ser chamada de amor - , une os homens e as civilizações. Está na percepção de que precisamos, a partir de uma consciência coletiva da responsabilidade individual, criar a consciência coletiva da amorosidade universal, única base concreta para a paz mundial. **"Não há ideologia superior à solidariedade".**

—— CAPÍTULO XII ——

CONCLUSÃO
PAÍS RICO É PAÍS SEM POBREZA

Nada é mais importante para qualquer país do que ter erradicada a miséria, do que ter o seu povo feliz, plenamente atendido em suas aspirações e necessidades.

Com sabedoria a ONU fez aprovar, em 2000, como 1º objetivo das Metas do Milênio a "erradicação da fome e da miséria". Com sabedoria o governo Lula dedicou significativos esforços para acabar com a fome. O Governo Federal, sob o comando da Presidenta Dilma Rousseff merece aplausos ao adotar como lema a expressão **"PAÍS RICO É PAÍS SEM POBREZA"**.

Os nossos estudos indicam, em resumo, que para a erradicação da miséria são necessárias providências de ordem material e de ordem filosófica, política, pedagógica e sociológica para a necessária mudança de paradigmas. É preciso cuidar das duas. Apesar de parecer utópica, impalpável, de difícil avaliação, a mudança de paradigmas é o elemento básico para a consolidação definitiva de um novo modelo de sociedade. Uma sociedade é o que são os seus valores. As idéias governam o mundo. Mahatma Gandhi sem armas, sem um único soldado expulsou os ingleses da Índia ao cativar a Nação para o seu objetivo.

Os nossos irmãos brasileiros, que vivem no abandono, analfabetos, sem cultura, sem formação profissional, excluidos socialmente, precisam ser socorridos, especialmente porque são vítimas do sistema social injusto em que vivemos.

Um povo educado e capacitado profissionalmente naturalmente estará além dos limites da pobreza. É preciso cuidar especialmente a situação deprimente dos desempregados. Todos os cidadãos precisam pertencer a sociedade e ter a oportunidade de participar da sociedade como empregados, autônomos, parceiros, cooperados de alguma forma que obtenham recursos para o seu sustento e de sua família, com uma atuação correta na sociedade. O Estado deve criar condições para que os desempregados sejam envolvidos em atividades produtivas.

Estes cidadãos excluídos socialmente precisam ser capacitados profissionalmente e no ensino básico; receber bolsa capacitação no período do aprendizado; ser beneficiados culturalmente, com artes, música, beleza; ser organizados em empresas de economia solidária, cooperativas profissionais sociais verdadeiras, autênticas, protegidas pelo Estado como uma mãe protege o seu filho. Esta situação trará autoestima, integração na sociedade e afastará os envolvidos dos desvios que a miséria traz; receber o apoio do Governo para a colocação no mercado ou compra dos produtos e serviços gerados; ter ao mesmo tempo a sua comunidade amparada com rede de esgoto e água, com saúde, educação e segurança.

A ciência, a técnica, a economia podem se desenvolver e, no entanto, crescer em proporção maior a miséria, o que indica que a solução dos problemas humanos tem raízes mais profundas.

Um dos grandes equívocos da humanidade está na ilusão de separatividade. Está na ilusão de que somos seres isolados, quando na verdade vivemos em uma manifestação cósmica onde tudo está relacionado. Desse equívoco surge um comportamento egoísta e ganancioso. Esse comportamento é o principal responsável pelas exclusões, pelas lutas, pelas guerras e pela violência.

Os cientistas buscam em suas atividades descobrir as leis da natureza. Essas leis são universais, pode se dizer, cósmicas. É importante observar que as leis da natureza estão presentes não somente na matéria, como na física e na química, mas também nas leis imateriais que regem as relações humanas.

É preciso uma nova visão filosófica da vida. A análise profunda nos indica que os males sociais tem uma causa comum, a ausência na humanidade de algumas qualidades fundamentais para o bom viver: ausência de **vontade**, que resulta na descrença, na falta de energia, ocasionando a inércia, o comodismo, a omissão, o imobilismo e a falta de atuação; ausência de **sabedoria**, que resulta na ignorância, na falta de percepção de que estamos todos interligados, de que somos interdependentes, de que todos participamos de uma mesma vida: daí a ilusão da separatividade, o individualismo, o venha a nós, o egoísmo e a ganância; ausência de **amor**, que resulta no desamor, na indiferença em relação ao outro, no desprezo e na insensibilidade. Obviamente, essas ausências só poderão ser vencidas com o desenvolvimento das qualidades ausentes, mas nem sempre compreendido. A evolução humana se faz através do desenvolvimento de qualidades. De onde se conclui que é preciso desenvolver qualidades, virtudes. Através do desenvolvimento da sábia e poderosa energia do amor será possível a construção de um mundo de justiça social, de fraternidade. É importante o desenvolvimento da consciência coletiva da responsabilidade individual para alcançar a consciência coletiva da amorosidade universal, base das saudáveis relações humanas e de países na construção da paz mundial.

A implementação dessas qualidades na sociedade - vontade, sabedoria e amor – precisa ser feita com conhecimento científico e aprofundamento filosófico. Segundo os sociólogos e antropólogos a sugestão e a imitação são os elementos básicos para a transformação da sociedade. Para essa implementação, certamente um dos instrumentos mais importantes é a divulgação dos exemplos positivos de solidariedade, onde a televisão e os demais veículos de comunicação assumem papel relevante. Programas de violência, de divulgação da miséria, do ódio são nutrientes inadequados para a evolução da humanidade.

É preciso investir na comunicação de massa com a divulgação de atuações de amorosidade, de solidariedade, de ética, de estética, de fraternidade universal, sobretudo de valores humanos altruístas, criando novos paradigmas, uma nova mentalidade.

Os homens de bem devem estar comprometidos com esse desafio de trazer esses brasileiros para o convívio social com dignidade.

Reproduzindo José Saramago *"a prioridade absoluta tem de ser o ser humano. Acima dessa não reconheço nenhuma outra prioridade."*

Inquestionavelmente, tudo isso é possível, depende de cada um de nós.

É preciso ousar fazer, para ousar vencer.

ANEXOS

ANEXO I

CARTA DO COORDENADOR RESIDENTE DAS NAÇÕES UNIDAS PARA O BRASIL

UNITED NATIONS NAÇÕES UNIDAS

Brasília, 14 de fevereiro de 2011.

Ref.: HO/222/11/JC-ddc
Arquivo: Head Office

Senhor presidente,

Assunto: ações no âmbito do Movimento Nós Podemos

Na qualidade de Coordenador Residente do Sistema Nações Unidas no Brasil, bem como Representante Residente do Programa das Nações Unidas para o Desenvolvimento (PNUD) no Brasil, gostaria de cumprimentá-lo e de parabenizá-lo pelo empenho e dedicação com que a União Planetária, instituição que V.Sa. preside, vem atuando em favor do cumprimento dos Objetivos de Desenvolvimento do Milênio até 2015, e em especial o Objetivo 1 que prevê a erradicação da pobreza e da extrema miséria do país.

As parcerias da ONU e do PNUD, tanto com o governo quanto com a sociedade civil, são de extrema importância para a criação e consolidação de redes de atores que trabalham juntos pelo desenvolvimento humano do país e pelo alcance dos ODMs. O Brasil apresenta conquistas significativas em seu desafio de implementar políticas públicas para superar a pobreza, a desigualdade e os desafios do desenvolvimento. Neste sentido, apreciamos o compromisso assumido pela Presidenta do Brasil, Sra. Dilma Roussef, de colocar a erradicação da miséria como meta das metas do seu governo.

Através de sua atuação na coordenação do "Movimento Nós Podemos" no Distrito Federal, assim como todos os parceiros estaduais desta iniciativa, a União Planetária tem oferecido uma contribuição exemplar nesta área, colaborando para um Brasil melhor, mas também para a defesa dos ideais das Nações Unidas de fraternidade universal, de paz mundial e de justiça social.

Atenciosamente,

Jorge Chediek
Coordenador Residente

A Sua Senhoria o Senhor
Ulisses Riedel
Presidente da União Planetária
SHIN – QL 13 – Conj. 5 – Casa 19
Lago Norte
CEP: 71535-055 – Brasília, DF
BRASIL

Office of the Resident Coordinator / Escritório do Coordenador Residente
EQSW 103/104 - Lote 1 - Bloco D / Setor Sudoeste – Brasília-DF ♦ Tel: +55 (61) 3038.9300 ♦ Fax: +55 (61) 3038.9009
Homepage: http://www.pnud.org.br ♦ Email: registry.br@undp.org

ANEXO II

RESOLUÇÃO DA ONU SOBRE O ANO INTERNACIONAL DAS COOPERATIVAS

Resolução da ONU sobre 2012 como o Ano Internacional das Cooperativas

Assembleia Geral

Reportando às suas resoluções 47/90 de 16 de dezembro de 1992, 49/155 de 23 de dezembro de 1944, 52/58 de 12 de dezembro de 1996, 54/123 de 17 de dezembro de 1999, 56/114 de 19 de dezembro de 2001, 58/131 de 22 de dezembro de 2003, 60/132 de 16 de dezembro de 2005 e 62/128 de 18 de dezembro de 2007, concernentes às cooperativas no desenvolvimento social,

Reconhecendo que as cooperativas, em suas diversas formas, promovem a melhor participação possível no desenvolvimento social e econômico de todas as pessoas, inclusive as mulheres, jovens, idosos, pessoas incapacitadas e indígenas, estão se tornando um fator maior de desenvolvimento econômico e social e contribuem para a erradicação da pobreza,

Reconhecendo, também, a importante contribuição e o potencial de todas as formas de cooperativas na avaliação da Cúpula Mundial para o Desenvolvimento Social, da 4ª Conferência Mundial sobre as Mulheres e a segunda Conferência sobre Assentamentos Humanos (Habitat II), inclusive a sua revisão qüinqüenal, a Cúpula Mundial da Alimentação, a Segunda Assembléia Mundial sobre Idosos, a Conferência Internacional sobre Financiamento ao Desenvolvimento, a Cúpula Mundial sobre Desenvolvimento Sustentável e a Cúpula Mundial 2005,

Notando, com apreço, o papel potencial do desenvolvimento das cooperativas na melhoria das condições sociais e econômicas da população indígena e comunidades rurais,

Reportando à resolução 1980/67 de 25 de julho de 1980, sobre anos internacionais e festividades,

1. Toma nota do relatório do Secretário Geral sobre cooperativas no desenvolvimento social

2. PROCLAMA o ano de 2012 como o ANO INTERNACIONAL DE COOPERATIVAS

3. Encoraja todos os Estados Membros, assim como as Nações Unidas e todos os demais envolvidos, a aproveitarem o ANO como uma forma de promover as cooperativas e aumentar a conscientização da sua contribuição para o desenvolvimento social e econômico;

4. Chama a atenção dos Estados Membros para as recomendações contidas no relatório do Secretário Geral, no sentido de promover o crescimento das cooperativas como empresas sociais e de negócios que podem contribuir para o desenvolvimento sustentável, erradicação da pobreza e melhoria de vida em vários setores econômicos nas áreas urbanas e rurais e propiciar apoio à criação de cooperativas em áreas novas e emergentes;

5. Encoraja os governos a manter, sob-revisão, de forma apropriada, as medidas legais e administrativas que regulam as atividades das cooperativas, a fim de estimular o crescimento e a sustentabilidade das cooperativas num ambiente sócio-econômico que muda rapidamente para, entre outros, proporcionar um nível de atuação frente à outras empresas sociais e comerciais, incluindo incentivos fiscais e acesso aos serviços financeiros e ao mercado;

6. Urge aos governos, às organizações internacionais relevantes e às agencias especializada, em colaboração com as organizações nacionais e internacionais de cooperativas, tomar em consideração o papel e a contribuição das cooperativas na implementação e no acompanhamento dos resultados da Cúpula Mundial para o Desenvolvimento Social, à 4ª Conferência Mundial das Mulheres e à Segunda Conferência das Nações Unidas sobre os Assentamentos Humanos (Habitat II), inclusive suas revisões qüinqüenais, a Cúpula Mundial de Alimentos, a Segunda Assembléia Mundial sobre Idosos, a Conferência Internacional sobre Financiamento ao Desenvolvimento, a Cúpula Mundial sobre Desenvolvimento Sustentável e a Cúpula Mundial 2005 para, entre outros:

    a) utilizando e desenvolvendo, plenamente, o potencial e a contribuição das cooperativas, atingir as metas de desenvolvimento social, em particular a erradicação da pobreza, a geração de emprego pleno e produtivo e a promoção da integração social;

b) Encorajando e facilitando a criação e o desenvolvimento de cooperativas, inclusive tomando medidas que possibilitem as pessoas que vivem na pobreza ou pertencentes a grupos vulneráveis, incluindo as mulheres, jovens, pessoas incapacitadas, idosos e indígenas, a fim de que possam participar integralmente, como voluntários, nas cooperativas e externar suas necessidades de serviços sociais;

c) Tomar medidas apropriadas objetivando criar um ambiente favorável e permissivo do desenvolvimento das cooperativas para, entre outros, desenvolver uma parceria efetiva entre os governos e o movimento cooperativo através de conselhos consultivos conjuntos e/ou órgãos consultivos e promovendo e implementando uma legislação melhor, pesquisa, compartilhar as boas práticas, treinamento, assistência técnica e capacitação das cooperativas, especialmente, nos campos do gerenciamento, auditoria e conhecimentos de marketing;

d) Aumentar a consciência do público sobre a contribuição das cooperativas à geração de empregos e ao desenvolvimento social e econômico, promovendo uma ampla pesquisa e elaborar uma estatística sobre dados de suas atividades, geração de empregos e o impacto sócio-econômico das cooperativas nos níveis nacionais e internacionais e promovendo a formulação de boas políticas nacionais através das metodologias estatísticas harmônicas;

7. Convidar os governos, em colaboração com o movimento cooperativo, a desenvolver programas objetivando aumentar a capacitação das cooperativas, inclusive fortalecendo os conhecimentos organizacional, administrativo e financeiro de seus membros e introduzir e apoiar programas para melhorar o acesso das cooperativas às novas tecnologias;

8. Convidar os governos e as organizações internacionais, em colaboração com as cooperativas e as organizações internacionais, a promover, de forma apropriada, o crescimento das cooperativas agrícolas através do fácil acesso a financiamentos compatíveis com a sua capacidade de pagamento, adoção de técnicas de produção sustentável, investimentos em infraestrutura rural e irrigação, fortalecer os mecanismos de marketing e apoio a participação das mulheres em atividades econômicas;

9. Convidar, também, os governos e as organizações internacionais, em colaboração com as cooperativas e as organizações cooperativas, a promover, de forma apropriada, o crescimento das cooperativas financeiras para alcançar as metas de inclusão financeira, provendo fácil acesso aos serviços financeiros, de custos compatíveis, para todos;

10. Convidar os governos, as organizações internacionais relevantes, as agencias especializadas, as organizações

nacionais e internacionais de cooperativas a continuar a observar o Dia Internacional das Cooperativas, anualmente, no primeiro sábado de julho, como foi proclamada na Assembléia Geral, em sua resolução 47/90;

11. Requisitar do Secretário Geral, em cooperação com as Nações Unidas e outras organizações nacionais e internacionais, organizações regionais e internacionais de cooperativas, a continuar dando apoio aos Estados Membros, de forma apropriada, nos seus esforços de criar um ambiente favorável ao desenvolvimento das cooperativas, provendo assistência ao desenvolvimento dos recursos humanos, consultoria técnica e treinamento e promover o intercambio de experiências e melhores práticas através de, entre outros, conferências, workshops e seminários nos níveis nacionais e internacionais.

12. Requisitar, também, do Secretário Geral submeter à Assembléia Geral, na sua 66ª sessão o relatório sobre a implementação da presente resolução, inclusive a proposta de atividades a serem realizadas durante o Ano Internacional das Cooperativas, dentro dos recursos existentes.

Fonte: Portal do Cooperativismo - 06/01/10

ANEXO III

ERRADICAÇÃO DA MISÉRIA, UMA PROPOSIÇÃO DESAFIADORA

ERRADICAÇÃO DA MISÉRIA, UMA PROPOSIÇÃO DESAFIADORA

Paul Singer[10]

Não sei de qualquer governo nacional que tenha se proposto a erradicar a miséria de seu país no decorrer de um mandato de quatro anos. Nossa presidenta Dilma apresenta esta meta como sendo a fundamental do seu governo. Para captar o tamanho do desafio será necessário discutir o que entendemos por miséria, o que a caracteriza e quais seus condicionantes.

Miséria é pobreza extrema, é a condição de gente que dispõe de tão pouco dinheiro e alimento que, na maior parte dos dias, não sabe quando e nem de onde virá sua próxima refeição. Não tem moradia (pernoita na rua) e nem trabalho e renda regular. Nestas condições, os miseráveis quase sempre não têm acesso aos serviços públicos essenciais: escola, posto de saúde, água potável, esgoto, transporte, segurança, escola. Vivem ao acaso, como diz o povo, "ao Deus dará:", o que parece literalmente verdadeiro: sobrevivem porque Deus quer.

Erradicar a miséria só pode significar transformar a vida destas pessoas. Não pode ser apenas dar-lhes o dinheiro para

10 Paul Singer é Secretário Nacional de Economia Solidária do Ministério do Trabalho e Emprego.

que possam comprar comida, alugar uma moradia, adquirir roupa, etc.. Nem tão pouco dar lhes oportunidade, por meio de instrução, para que possam disputar algum lugar de trabalho, porque antes disso será preciso que se convençam de que são capazes, de que podem aprender e ganhar a disputa, o que não será fácil depois de uma vida de fracassos.

A maioria dos muitos pobres vivem em comunidades de semelhantes e sua sobrevivência se explica em boa medida porque se ajudam mutuamente. Este é um instinto humano que se pode observar em ação em qualquer situação catastrófica: enchentes, terremotos, naufrágios, incêndios. A vida dos miseráveis é desastrosa em si, eles estão quase sempre à beira do aniquilamento, mas frequentemente aparece uma mão amiga que os salva; embora quase nunca de um anjo da guarda. O mais das vezes a mão salvadora é de um outro miserável ou quase, que o necessitado de hoje pode ter ajudado em outra ocasião.

Deixar a miséria pode representar para a pessoa abandonar uma normalidade cruel, mas que apresenta certa segurança, além de abandonar companheiros de sina e solidariedade mútua com os quais se sente protegido. A questão crucial é a alternativa à miséria, que estamos oferecendo aos que a sofrem e vivem ao mesmo tempo. É possível que muitos dos que hoje são miseráveis nem sempre o foram, mas por diversas circunstâncias perderam tudo. Os que enlouqueceram ou ficaram dependentes de drogas, álcool etc. provavelmente não querem voltar à vida que já tiveram, mesmo porque a perda dela deve ter lhes sido traumática.

Ao pensar a erradicação da miséria do ponto de suas vítimas, fica claro que erradicar a miséria é mudar profundamente a vida de milhões de pessoas. Para nós, que não estamos na miséria, sair dela nos parece preferível a tudo, mas este pode não ser o ponto de vista de muitos que nela estão. Parece claro que a erradicação da miséria depende da vontade e do empenho dos que a sofrem. Se oferecermos dinheiro aos que estão na miséria é provável que quase todos o aceitarão, mas isso não significa que deixarão de ser miseráveis. Para que sua miséria seja erradicada será necessário que queiram adquirir com algum esforço condições sociais e econômicas que lhes permitam adquirir continuamente alimentos, habitação, água e esgoto, saúde etc. e quem sabe as condições culturais que lhes permitam ter e cuidar duma família, sustentar uma prole..

Erradicar a miséria significa começar por conhecer a sociedade dos que se encontram em pobreza extrema e a sociedade com que os mesmos sonham. Se erradicar a miséria for o resgate humano dos que a sofrem atualmente, é preciso lhes dar o direito de escolha sobre o que querem ser ou se tornar ao deixar a pobreza extrema.

Nos últimos sete anos, nós da Secretaria Nacional da Economia Solidária participamos diretamente de programas que permitiram ao governo passado diminuir acentuadamente o número de miseráveis no Brasil: fome zero, a transformação de população de rua em recicladores de resíduos organizados em cooperativas, de egressos de manicômios e de penitenciárias em membros ativos de cooperativas sociais; de trabalhadores rurais sem terra em camponeses assentados, de remanescentes de quilombos, comunidades indígenas, pescadores artesanais, quebradeiras de côco e tantos outros pobres e muito pobres em lutadores não só por uma vida mais digna e menos carente para si, mas para todos, preservando a todo custo a generosidade e a abnegação que a prática da solidariedade exige e ensina.

As lições que nós aprendemos ao lidar com a pobreza é que erradicá-la é possível e se é possível ela se torna eticamente necessária. Basta não esquecer que os miseráveis são seres humanos como nós e são eles que terão de erradicar a miséria, é claro que com o auxílio não só material dos poderes públicos e dos movimentos sociais.

ANEXO IV

COOPERATIVISMO: INSTRUMENTO DE INCLUSÃO SOCIAL E ERRADICAÇÃO DA MISÉRIA

COOPERATIVISMO: INSTRUMENTO DE INCLUSÃO SOCIAL E ERRADICAÇÃO DA MISÉRIA

Celso Luiz Claro de Oliveira[11]

> *"O que diferencia um país desenvolvido do não desenvolvido é o grau de organização de sua sociedade. Quanto mais organizado, mais transparente é a sociedade, mais firme é a democracia e mais justo é o país."* (Roberto Rodrigues, ex- Ministro da Agricultura e líder do cooperativista mundial.).

O cooperativismo surgiu no século XIX como grande desafio no sentido de se resgatar os valores éticos, como agregação, formação, educação de pessoas e investimento solidário no desenvolvimento das comunidades.

Surgiu na Inglaterra, em 1844 , em meio à Revolução Industrial com o objetivo de unir a força dos trabalhadores, visando obter maiores e melhores resultados do trabalho de

11 Celso Luiz Claro de Oliveira é sociólogo e bacharel em Direito, Mestre em Cooperativismo pelo Centro Internacional da UNESCO, Itália, Mestre em Ciências do Comportamento pela Universidade da Califórnia, USA, Pós Mestrado em Planejamento de Organizações Cooperativas pelo Centro IDACA em Funabachi, Japão, representante a Fundação Cousteau no Brasil e Presidente da Green Cross Brasil.

forma organizada.

Nascia assim, a primeira cooperativa do mundo na cidade de Rochdale, Sociedade Rochdale dos Pioneiros Eqüitativos, que reuniu 28 trabalhadores ingleses, os quais, após 1 ano, abriram as portas de um pequeno armazém cooperativo com capital de 28 libras.

Com rápida expansão, o movimento se espalhou pela Europa e pelo mundo e 1881 já existiam mil cooperativas de consumo com aproximadamente 550.000 associados.

No ano de 1895, foi criada a Aliança Cooperativa Internacional (ACI), para representar mundialmente o cooperativismo, divulgar sua doutrina e preservar seus valores e princípios. Sua sede fica em Genebra, Suíça e congrega mais de 222 organizações-membros em 100 países, representando mais de 800 milhões de pessoas nos 5 continentes.

Em 1946, a ACI conquistou assento consultivo na Organização das Nações Unidas, sendo umas das primeiras organizações não governamentais a ter cadeira no Conselho. Sua atuação subsidia os governos na definição de suas políticas, diretrizes e promove posições de consenso no setor privado. É codificadora dos princípios e valores do cooperativismo.

O Brasil é filiado a ACI desde 1989.

Com a crescente influência dos movimentos sociais na Europa no século XIX, a classe produtora brasileira consciente de suas necessidades, procurou reunir- se em associações no intuito de promover reuniões de classe em beneficio próprio e do país.

A idéia que aflorava na época, entre as pessoas responsáveis de cuidar das questões políticas, econômicas e sociais, era de que o Brasil não poderia ficar indiferente ao movimento cooperativista que ocorria no Continente Europeu. Esses pensamentos vinham no bojo da Revolução Industrial.

O reconhecimento do cooperativismo no Brasil como agente indispensável ao desenvolvimento do Estado Brasileiro aconteceu no final do século XIX, quando o setor foi incluído na legislação, na Constituição Federal de 1891, que garantia aos trabalhadores o direito de se associar em cooperativas e em sindicatos.

> *"Para alguns, significava a realização de uma obra humanitária, promovida pelas cooperativas, com vistas ao crescimento e ao desenvolvimento do país, eliminando conflitos e humanizando a civilização." (Daller, Vera, Evolução Histórica do Cooperativismo no Ministério da Agricultura, pág.256 a 258. in O Cooperativismo de Credito no Brasil, vol. 2*

Editora Confebras, 2010.).

Em 1995, a Assembléia do Centenário da ACI, reunida em Manchester, Inglaterra, homologou a **DECLARAÇÃO DA IDENTIDADE COOPERATIVA**, que sinalizou o início de um novo ciclo do cooperativismo mundial, abrindo perspectivas ao movimento como um todo, oferecendo novas interpretações e sugerindo soluções inovadoras para velhos problemas.

Desta forma, os princípios gerais do cooperativismo continuam sendo a medida, porque abrem possibilidades de crescimento para as cooperativas, assegurando-lhes a autonomia e independência, preservando os valores fundamentais, dando-lhes dimensão humana em seu desenvolvimento.

PRINCÍPIOS DO COOPERATIVISMO

Princípios são conceitos éticos e morais adotados internacionalmente pelas cooperativas e fundamentam todas as legislações.

1º PRINCÍPIO:
ADESÃO LIVRE E VOLUNTÁRIA

Cooperativas são organizações voluntárias abertas a todas as pessoas aptas a usar seus serviços e dispostas a aceitar as responsabilidades de sócios, sem discriminação social, racial, política ou religiosa e de gênero.

2º PRINCÍPIO
GESTÃO DEMOCRÁTICA PELOS COOPERADOS

As cooperativas são organizações democráticas controladas por seus cooperados os quais participam igualmente, no estabelecimento de suas políticas e em tomada de decisões. Homens e mulheres eleitos como representantes, são responsáveis juntos aos sócios. Nas cooperativas singulares os associados têm igualdade na votação (um sócio, um voto).

3º PRINCÍPIO
PARTICIPAÇÃO ECONÔMICA DOS MEMBROS

Os membros contribuem eqüitativamente para o capital das suas cooperativas e o controlam democraticamente. Parte desse capital é, normalmente, propriedade comum da cooperativa.

4º PRINCÍPIO
AUTONOMIA E INDEPENDÊNCIA

As cooperativas são organizações autônomas, de ajuda mútua, controladas por seus membros. Se firmarem acordos com outras organizações, incluindo instituições públicas ou recorrerem a capital externo, devem fazê-lo em condições que assegurem o controle democrático pelos seus membros e mantenham a autonomia da cooperativa.

5º PRINCÍPIO
EDUCAÇÃO, FORMAÇÃO E INFORMAÇÃO

As cooperativas promovem a educação e a formação dos seus membros, dos representantes eleitos e dos trabalhadores, para que possam contribuir, eficazmente, no desenvolvimento das mesmas. Além disso, informam o público em geral, sobre a natureza e as vantagens da cooperação.

6º PRINCÍPIO
INTERCOOPERAÇÃO

As cooperativas servem de forma mais eficaz os seus membros e dão mais força ao movimento cooperativo, trabalhando em conjunto através das estruturas locais, regionais, nacionais e internacionais.

7º PRINCÍPIO
INTERESSE PELA COMUNIDADE

As cooperativas trabalham para o desenvolvimento

sustentado das suas comunidades através de políticas aprovadas pelos membros. Não funcionam de forma isolada. Tem que estar comprometida com a sociedade onde esta inserida.

VALORES DO COOPERATIVISMO

Ajuda mútua e responsabilidade, democracia, igualdade, equidade, e solidariedade.

A Aliança Cooperativa Internacional define cooperativa como uma associação autônoma de pessoas que se unem voluntariamente, para satisfazer aspirações e necessidades econômicas, sociais e culturais comuns, constituindo-se em uma empresa de propriedade coletiva e democraticamente gerida. No Brasil, conforme a Lei Cooperativa nº 5764/71, são necessárias pelo menos, 20 pessoas para constituí-la.

A organização da atividade econômica dos cooperados tem como escopo, o desenvolvimento sustentado das suas comunidades através de políticas aprovadas pelos membros, cujo resultado reverte em renda, melhor qualidade de vida e bem estar social de sua família. As cidades que possuem maior proporção de atividades reunidas em cooperativas apresentam Índice de Desenvolvimento Humano (IDH) mais elevado.

Em um mundo de economia globalizada que impõe

padrões de Qualidade e Produtividade, onde impera, sobretudo, a "Era do Conhecimento ou da Informação", urge estimular ativamente a estrutura organizacional da Cooperativa para seu desenvolvimento sustentado.

Para sobreviver ao processo de globalização é fundamental que as cooperativas busquem um novo modelo empresarial, aprofundem discussões sobre a importância de mudanças que lhes permita ter competitividade.

No entanto, há que se resguardar a pureza dos princípios cooperativistas, sem casuísmos, fazendo com que a prática cooperativa em todo o mundo, seja exercida sob sua própria identidade.

Há que se partir do princípio de que, o cooperado enquanto sócio é dono de sua própria atividade econômica, devendo agir com 'interesse voltado para o objetivo social desta, haja vista, que como igual ao demais associados, exerce atividade e objetivo econômico comum.

A Constituição Federal de 1988 trouxe grande avanço ao cooperativismo, sendo consagrada proteção ao sistema, podendo se dizer que se trata de um dos melhores textos constitucionais sobre cooperativismo, se comparados ao de outras Constituições.

Cabe ao governo fundamentalmente desenvolver políticas de apoio e estimulo que propiciem o desenvolvimento do cooperativismo, sem, no entanto, interferir na sua administração.

Assim, o cooperativismo evidencia-se como importante instrumento de inclusão social, cumprindo preceito constitucional e alinhado com o objetivo principal do governo da Presidenta Dilma Rousseff, que é a erradicação da miséria e da marginalização, de forma a restabelecer a dignidade do ser humano. Se houver esforço conjunto para o cumprimento desse objetivo, estaremos efetivamente, promovendo a justiça social.

Criar políticas públicas para o cooperativismo, apoiar seu desenvolvimento por meio de ações integradas visando a geração de trabalho e renda com caráter educativo, é promover a redução das desigualdades regionais, a melhoria da qualidade de vida das comunidades rurais e urbanas e consequentemente, contribuir para a erradicação da miséria.

O cooperativismo coloca o homem como o centro de todas as atividades, vez que, como doutrina humanista, busca dignificar o ser humano.

Referências:

1- Kruger, Guilherme
Cooperativismo e Novo Código Civil
2ª edição Revista Atualizada, Editora Mandamentos Belo Horizonte-2005.

2- Macedo, Kátia Barbosa Ximenes, Jose Abel Alcântara.

Cooperativismo na era da Globalização
1ª Edição
Editora Gráfica Terra LTDA.
Unimed - Federação dos Estados de Goiás e Tocantins – 2001
3- Pensamento
Revista de estudos
Numero 1- ano 1- 2000
Co- edições – INSCOOP - Instituto Antonio Sergio dos Santos Cooperativo (Portugal)
OCB – Organização das Cooperativas Brasileira (Brasil)

4- Daller, Vera Lucia Oliveira. Ministério da Agricultura, Pecuária e Abastecimento. Igualdade de Gênero: Estratégia de desenvolvimento de Cooperativismo e Associativismo e Cooperativismo. Brasil, 2008.

5- Valadares, Jose Horta. Cooperativismo. Lições para nossa prática. Sescoop, Brasília – 2003.

ANEXO V

A ERRADICAÇÃO DA POBREZA EXTREMA

A CRIAÇÃO DE OPORTUNIDADE PARA TODOS E O COOPERATIVISMO

A ERRADICAÇÃO DA POBREZA EXTREMA, A CRIAÇÃO DE OPORTUNIDADE PARA TODOS E O COOPERATIVISMO

Guairacá Carvão Nunes[12]

A necessidade de uma mudança profunda na consciência humana para a construção de um cooperativismo significativo é condição essencial para a transformação social que o mundo anseia, que a humanidade deseja, e que o Brasil aspira quando expressa, de forma decisiva, ser a erradicação da miséria e a criação de oportunidade para todos a "Meta das Metas" neste período de governo que ora se inicia.

No livro "A Conspiração Aquariana", de Marilyn Ferguson, em que a autora aborda as transformações pessoais e sociais nos anos 80, encontramos as seguintes palavras: "Todos os começos são invisíveis, um movimento para dentro, uma revolução de consciência. Pode-se começar em qualquer lugar, em todos os lugares. Que haja transformação, e que ela comece comigo. O mundo novo é o mundo velho, transformado". Estava assim sendo feita, com uma incrível sabedoria, uma proclamação antecipada de que o mundo estava começando a vivenciar uma transformação radical, profunda, uma verdadeira mudança de mentalidade, definitiva e abaladora, e que o Século XXI seria festejado, desde o seu primeiro momento, como a Era

12 Advogado e Socioambientalista. Mestre-Especialista em Gestão do Cooperativismo pela Universidade de Brasília-UnB. Vice-Presidente da GREEN CROSS BRASIL.

da Consciência.

Estamos vivendo, hoje, em um mundo globalizado, a chamada Aldeia Global, com múltiplos desafios, dentre os quais destacamos os da pobreza extrema, do desemprego, da exclusão social, da fome, das doenças terminais, das desigualdades regionais, da injustiça social, da inconsciência individual e coletiva, das opressões e das guerras, enfim, desafios estes prioritários para garantir, caso consigamos vencê-los, a todas as pessoas uma vida mais digna. Se há um sentimento dominante no presente, neste mundo complexo que estamos vivenciando, é o de não se saber o que fazer para enfrentar estes desafios.

As instituições que criamos ao longo dos tempos não satisfazem mais as nossas expectativas. Muito pelo contrário, dificultam cada vez mais as nossas vidas. Na verdade, as instituições, em toda parte, sejam elas políticas, econômicas ou sociais, estão se tornando mais e mais incapazes de administrar as próprias questões. Em conseqüência disso, as pessoas estão quase sempre em conflito com as instituições de que fazem parte ou alienada delas.

A ordem econômica mundial, predominantemente capitalista, não soube distribuir a renda de forma justa, e tornou a sociedade cada vez mais excludente, perplexa, agressiva e globalizada. Os desafios, portanto, que a humanidade enfrentará no terceiro milênio para garantir às novas gerações um futuro mais saudável são complexos, e exigem qualidade e profundidade de reflexão e ação. Os dados que a Organização das Nações Unidas apresentou na virada do milênio são, no mínimo, preocupantes. No dia 1º de janeiro de 2001, o primeiro dia do terceiro milênio somava mais de 6,1 bilhões de pessoas no Planeta Terra. Falávamos entre 7.000 e 20.000 Línguas e dialetos diferentes. Estávamos organizados em mais de 200 países.

Saber que os mercados financeiros mundiais trocavam diariamente US$ 1,5 trilhão enquanto metade da população do planeta – 3 bilhões de pessoas – sobrevive com menos de dois dólares por dia e, desse total, 1,3 bilhão de pessoas, com menos de um dólar diário, é chocante. Saber que cerca de 1,2 bilhão de pessoas, que vivem em países subdesenvolvidos, não têm acesso à água tratada, e outras 2,4 bilhões de pessoas vivem sem esgotamento sanitário e, por isso mesmo, milhões de pessoas, principalmente crianças, continuam morrendo de diarréia, cólera e infecções diversas, é alarmante. Saber, ainda, que a produção mundial de alimentos, há 40 anos, era capaz de prover cada habitante do planeta com 2.360 calorias por dia, e que na década de 90, havia comida suficiente para o consumo diário de 2.740 calorias, e, ainda mais, saber que, segundo a ONU, os estoques de alimentos continuarão a crescer, mas, apesar de tudo isso, 800 milhões de pessoas passam fome na África subsaariana, em alguns países do Pacífico sul, na Bolívia, no Nordeste do Brasil, e até mesmo nos Estados Unidos, onde 12% da população está situada abaixo da linha da pobreza, é um verdadeiro absurdo.

Um último dado bem original merece ser citado. A quantia necessária para universalizar o saneamento básico, isto é, o valor dos investimentos necessários para a instalação de sistemas de tratamento de água e esgoto para toda a população mundial, custaria cerca de US$ 10 bilhões anuais nos próximos dez anos, segundo estudos da UNICEF e da Organização Mundial da Saúde, quantia esta equivalente ao dinheiro que os europeus gastam anualmente com sorvetes ou com bebidas alcoólicas, e a metade do dinheiro que os americanos aplicam na compra de comida para cães e gatos, segundo cálculos de Robert Jolly, conselheiro do Programa das Nações Unidas para o Desenvolvimento-PNUD.

A Economia mundial hoje está centrada na ideologia capitalista e os dados que foram apresentados refletem muito bem a realidade injusta que vivemos. Se aceitamos esta injusta, irracional, absurda realidade, é porque estamos aceitando a visão ideológica do capitalismo, estamos aceitando a sua lógica. E estamos, ao mesmo tempo, nos recusando a transformar a realidade, justificando um mundo desumano, cruel e sem sentido.

O Movimento Cooperativista no mundo surgiu fruto das idéias e das lutas, da reflexão e da ação de pensadores brilhantes que buscavam proteger as classes trabalhadoras das desastrosas conseqüências da revolução industrial do Século XIX. Os grandes precursores do pensamento cooperativo, Robert Owen, Charles Fourier, Philippe Buchez e Louis Blanc, inspirados na corrente dos socialistas utópicos franceses e ingleses daquele século, em franca oposição ao liberalismo econômico da época, impregnados do ideal de justiça e fraternidade, criaram o contexto adequado ao aparecimento das primeiras cooperativas, fazendo nascer o desejo utópico da classe trabalhadora de superar a miséria por meio da ajuda mútua, da solidariedade, da cooperação. Esta fase, chamada pelos estudiosos do Movimento

Cooperativista de "O Pré-Cooperativismo dos Socialistas Utópicos", antecedeu ao nascimento do próprio Cooperativismo que, historicamente, é reconhecido em 1844, com o surgimento da Cooperativa dos Tecelões de Rochdale, marco histórico do início do Cooperativismo.

O começo do terceiro milênio nos mostra uma realidade econômica e social que, guardadas as devidas proporções, tem muito a ver com o cenário que propiciou o surgimento das primeiras cooperativas no século XIX. Elas surgiram na Europa, naquela época, exatamente como uma resposta efetiva à exclusão social dada pela Revolução Industrial.

Evidentemente, hoje o cenário de exclusão social e concentração de riquezas é fruto de um processo muito mais violento, em função do trágico casamento da globalização econômica com o neoliberalismo comercial. Há uma corrente doutrinária que afirma estar o Cooperativismo vivendo a Segunda Onda de sua história, deixando de ser tratado como se fosse a Terceira Via para o desenvolvimento econômico e social, entre o Capitalismo e o Socialismo, para construir um novo modelo no qual o Cooperativismo deixa de ser um fluxo entre duas margens para se transformar em uma ponte capaz de ligar duas outras realidades: a realidade do mercado, em que as cooperativas estão inseridas como empresas competitivas, e a realidade do bem-estar das pessoas e suas comunidades, a felicidade mesmo, de todos.

Trata-se, realmente, de uma imagem bonita. Uma nova utopia. E nós, que nada temos contra o pensamento utópico, até que simpatizamos com este tipo de visão, muito mais do que com o marasmo, com a inércia do conservadorismo, da visão retrógrada, inibidora, anestesiante que impede a realização de indispensáveis mudanças no cenário mundial e no cenário brasileiro. Consideramos, no entanto, que por mais bonita que seja a imagem e por mais saudável que seja o surgimento de novas utopias, o tema, da forma como foi abordado está fora de foco, ou melhor, dizendo, não é por aí que o Cooperativismo vai conseguir buscar sua identidade para o Terceiro Milênio, não é por aí que encontrará o seu caminho.

Diz o poeta Antonio Machado: "Caminhante, não há caminho, faz-se caminho ao andar. Ao andar faz-se caminho, e para trás ao olhar, vê-se o caminho passado que nunca voltarás a pisar. Caminhante, não há caminho, apenas estrelas no mar".

Para definir com clareza a identidade cooperativa do Novo Milênio e para tornar o Cooperativismo no mundo, e principalmente no Brasil, significativo, o Movimento Cooperativista precisa concentrar seu foco em outra direção. O Movimento Cooperativista é decisivo, e mais importante ainda será no contexto das transformações sócio-econômicas, éticas e educativas que virão neste verdadeiro desafio que a humanidade tem pela frente de construir um novo paradigma para substituir este sistema econômico e cultural injusto, desumano, doentio, que predomina nesta etapa da história da humanidade, centrado no capital.

O que não se pode conceber, nem tampouco admitir, o que não dá para engolir, nem digerir, é ver o Cooperativismo deixar de ser uma proposta de superação do sistema capitalista, uma proposta de transformação "pacífica" da sociedade, onde a cooperação, a ajuda mútua e a solidariedade tomam o lugar da competição e da ganância pelo lucro, para se tornar exatamente o oposto, um instrumento a mais a serviço do capitalismo, se incorporando na própria dinâmica de expansão do capital, como um elemento de complementação à economia de mercado, traindo as suas próprias origens revolucionárias, deixando de se constituir como base de uma nova sociedade, mais justa e mais humana.

O Movimento Cooperativista no Brasil tem procurado seguir o caminho do Cooperativismo convencional, conservador, oficial e, porque não dizer, internacional. Neste caminho tradicional, as atuais lideranças cooperativistas brasileiras aceitaram as regras do jogo do sistema capitalista neoliberal, se adaptando, de forma alienante e acomodada, aos limites e limitações permitidos pelo sistema capitalista mundial. E, na verdade, não se sentiu capaz de desafiar a lógica deste sistema, onde o capital domina todo o contexto.

O Cooperativismo no Brasil não ousou desafiar o modelo de globalização competitiva, a globalização dos poderosos, até porque optou por acompanhar o modelo de globalização seguido pelo Estado brasileiro até então e pelas elites empresariais e financeiras do país. A lógica fundamental que preside o processo em andamento no Brasil e no mundo, e que não encontra qualquer resistência, obedece à lógica do capital. Como colocou, de forma cristalina, o grande pensador Leonardo Boff, em um Seminário realizado na Câmara dos Deputados, em Brasília, por ocasião da comemoração dos 500 anos do Brasil, as sociedades modernas do mundo capitalista estão sustentadas por uma nova santíssima trindade, do "Deus do Mercado", que é a Liberalização, a Desregulamentação e a Privatização. Não só na Economia, mas em todos os campos da sociedade, esta santíssima trindade do Deus do Mercado vem superando, vem erodindo, vem destruindo as bases de sustentação de todas as sociedades modernas, de todas as democracias, que nasceram sustentadas por outra sagrada trindade: a Cidadania, a Solidariedade e a construção comum do Bem Comum.

O Cooperativismo brasileiro preferiu seguir, optou por obedecer cegamente à lógica do capital, que é fundada no individualismo, no egocentrismo, na exaltação da "performance" do indivíduo e na competição, na concorrência, na disputa de uns contra os outros. O Movimento Cooperativista não teve coragem para enfrentar, para desafiar, para ao menos questionar o processo, hoje mundial, hoje hegemonizado, pelo capital, que coloca a economia como eixo estruturador das relações mundiais. O próprio Movimento adotou, assim, uma lógica que não é cooperativa. O Cooperativismo assumiu a lógica competitiva, o que é um absurdo, não faz sentido.

Se o Movimento Cooperativista no Brasil continuar submisso à lógica do capital, onde predomina a visão capitalista, uma maneira de ver e fazer o mundo com o pensamento centrado no capitalismo neoliberal, se o Movimento Cooperativista não conseguir reencontrar o seu espírito originário, o seu impulso criador e não conseguir resgatar os ideais que fizeram o Movimento nascer e que estão sendo hoje completamente desvirtuados, não estão sendo postos em prática, em um autêntico divórcio entre valores e posturas, idéias e atitudes, reflexão e ação, teoria e prática, se o Movimento Cooperativista não assumir a sua vocação de Movimento de Transformação Social, de um Movimento Cultural que busca trazer uma alternativa concreta de desalienação da consciência humana, de emancipação do trabalho humano e de desenvolvimento integral dos potenciais materiais e espirituais do ser humano e da humanidade, se o Movimento Cooperativista não adotar uma postura crítica ao desenvolvimento no contexto da globalização capitalista, da globalização competitiva, que é responsável por um mundo onde pelo menos 4,36 bilhões de pessoas, com base em dados do Bando Mundial, são pobres ou miseráveis, e que também é responsável por este novo fenômeno da história econômica do mundo, o crescimento com desemprego, que aponta para uma crise social de proporções talvez incontroláveis em função da projeção deste processo progressivo de desqualificação e marginalização dos trabalhadores, se o Movimento Cooperativista não redescobrir a sua intenção original, se não reativar a sua inspiração original, se não resgatar a sua experiência extraordinária de construção da solidariedade, com a sua mensagem de esperança e fé no ser humano, se o Movimento cooperativista não assumir a condição de parceiro na luta por um mundo mais justo, mais solidário, mais humano, então o seu destino será perder gradativamente a energia, ir desaparecendo, e só ficará só restará a mera repetição, o hábito, a forma desprovida de sentido, de significado, algo ideológico que só justifica o existente, mas que não tem consistência de ser.

Enfim, se o Movimento Cooperativista não abandonar o caminho oficial, convencional, que está trilhando, voltado para o passado, prisioneiro deste passado, e não sair em busca de uma nova consciência humana, se libertando, se descondicionando, construindo uma trilha alternativa, um novo caminho, assumindo a postura de aprendiz de uma nova realidade, com visão de futuro, não conseguirá tornar-se significativo e perderá gradativamente a sua energia, como já dissemos, perderá a sua força vital, a sua significação, o seu significado como Movimento de Transformação Social.

A proposta aqui colocada pela União Planetária, em suas reflexões sobre as causas da miséria e sua superação, coloca o Movimento Cooperativista do Brasil no rumo certo. Não permite que o Cooperativismo fique limitado, reduzido à sua dimensão econômica. Resgata a grandeza do Cooperativismo em sua dimensão de Desenvolvimento Humano. Abre a perspectiva de uma compreensão do verdadeiro papel, da inestimável missão do Cooperativismo como um novo conhecimento libertador do ser humano e de suas comunidades. Faz com que o Cooperativismo volte a compreender a si mesmo, tornando-se capaz de entender a sua realidade, seja mundial seja local, para se tornar capaz de transformá-la, transformando-se inclusive em algo mais significativo para a humanidade.

A proposta de superação da miséria tendo como um dos principais instrumentos o cooperativismo é uma verdadeira conquista de uma nova consciência, um passo decisivo para a melhoria da qualidade de vida do povo brasileiro.

Gostaríamos de concluir a nossa humilde colaboração para a concretização desta magnífica proposta de trabalho, falando, de forma sintética, das três principais dimensões do Cooperativismo. A primeira dimensão, a mais elevada, a mais abrangente, é a dimensão que estuda o conceito básico da Cooperação. Nesta dimensão primeira está em foco o próprio significado de "Cooperar". Cooperar significa agir coletivamente, com os outros, para o mesmo fim, isto é, trabalhar em comum para o êxito de um mesmo propósito. Cooperar significa comungar. Cooperar significa participar, significa partilhar, significa compartilhar. Poderíamos até dizer, e não estaríamos errados, que cooperar tem o mesmo significado de amar. Cooperar significa amar. Cooperar significa ser solidário. Cooperar significa ser sensível ao outro. Cooperar significa ser saudável. Cooperar significa ser consciente. Cooperar significa colocar o coletivo acima do individual.

A segunda dimensão do Cooperativismo é a sua dimensão como Movimento de Transformação Social.

A Terceira dimensão do Cooperativismo é a dimensão da organização de base do Movimento Cooperativista, é a dimensão da Cooperativa como empreendimento coletivo.

Todas estas três dimensões estão inteiramente compreendidas no contexto da nossa Proposta de superação da miséria, enfrentando as suas causas.

Por meio do Cooperativismo, o combate efetivo à miséria, culminando com sua erradicação, ganhará mais consistência com a criação de oportunidade para todos, característica singular do empreendimento cooperativo, da empresa cooperativa, onde todos contribuem para o processo de criação coletiva. As cooperativas, como organizações, valorizam os seres humanos, verdadeiros donos do empreendimento, que exercitam um processo permanente de participação no todo, onde todos estão constantemente aprendendo a ser. Sem a participação de todos não há possibilidade de nada. O Universo é participativo. A lógica da rede, das relações, das articulações, dos relacionamentos, exige participação. O engajamento, o comprometimento, compartilhar o empreendimento, tudo isto está presente quando se trata de uma Cooperativa, uma empresa coletiva onde todos são donos, por sua própria natureza.

ANEXO VI

CARTA DA CIDADANIA PLANETÁRIA

CARTA DA CIDADANIA PLANETÁRIA

"Em todos os continentes, espalham-se fóruns e redes de organizações sociais que buscam a Paz, a Justiça e maior comunicação entre a humanidade e a natureza. Os Fóruns Econômicos e Sociais Mundiais, grandes avanços da humanidade, representam visões importantes, mas parciais, de como deve ser o mundo. Em comunhão com todo esse processo internacional, nós, participantes do 1º Fórum Espiritual Mundial, em busca de "um novo mundo possível", reunidos em Brasília, de 6 a 10 de dezembro de 2006, em um coro de muitas vozes, afirmamos que as propostas econômicas e sociais não têm, isoladamente, como solucionar satisfatoriamente os problemas da humanidade. Urge uma perspectiva espiritual, baseada no amor universal. Espiritualidade constitui, afinal, o campo fértil de onde surge a sabedoria e a ética do amor, ampliando os significados da existência humana. É a percepção da unidade entre todas as coisas e da sacralidade que permeia o existir.

Acreditamos que a vida é regida por leis cósmicas. A água molha, o fogo queima, a chuva cai, a semente germina, o botão se transforma em flor, ao inverno segue a primavera, ao verão segue o outono, o amor constrói, traz felicidade e alegria. Cosmo, galáxias, sóis, planetas, minerais, céu, terra, nascentes, rios, oceanos, vegetais, animais, seres humanos são interdependentes e complementares. Do macrocosmo ao microcosmo a teia da vida é única. A vida é inteligente e amorosa, tudo faz parte de um equilíbrio perfeito e harmonioso.

A evolução científica, tecnológica, política e econômica constitui uma bênção para a humanidade. Mas, certamente, precisa de um ingrediente, um complemento mais significativo, mais efetivo, mais profundo, para que cada ser humano e a humanidade encontrem um estado de inteireza e felicidade. A falta de percepção da interdependência e complementaridade de toda a vida gera a visão individualista, materialista, a ilusão de separatividade. É necessária a percepção da irmandade de todos os seres viventes, de todos os reinos, de todas as raças, etnias, credos, gêneros e classes sociais. Todos pertencemos a uma mesma fonte de vida, somos todos feitos do mesmo barro. A nossa família é a humanidade e todos os seres que compõem a teia da vida, filhos e filhas da Terra.

Assim, a base fundamental para a construção de uma sociedade digna está na percepção da unidade da vida, que deve se revelar através da solidariedade efetiva, real, com atos concretos de sensibilidade, fraternidade, ética, simpatia, gentileza e cuidado. São atitudes que dependem da transformação de cada um de nós, da expressão de nossas potencialidades internas. Nenhum regime, sistema ou forma de governo, instituição política ou econômica pode, por si só, garantir uma sociedade digna. Somente com a incorporação, em nossas vidas, da solidariedade, da fraternidade, do afeto, da amorosidade, da espiritualidade e da ternura poderemos alcançar um saudável relacionamento humano e planetário. Não há ideologia superior à solidariedade.

Dentro desta perspectiva, é essencial uma nova ótica, uma nova visão filosófica que começa com o respeito e a valorização da diversidade, amplia-se na percepção da unidade da vida e se completa com uma nova atitude. Esse novo olhar – com os olhos do coração – deve mudar as nossas motivações e intenções para que sejam altruístas, promovendo uma revisão de nossos valores.

A revisão necessária deverá atingir a dimensão econômica, colocando-a a serviço da sustentabilidade e da justiça social. A revisão será necessária às instituições políticas e educacionais, que precisam repensar seus papéis na formação de uma civilização solidária que expresse suas inspirações maiores: felicidade, paz, respeito, autenticidade, harmonia e cooperação. Essa revisão deve chegar às instituições religiosas, para que se adaptem às necessidades de seu tempo, atualizando e aprofundando seus ensinamentos e gerando seres humanos maduros, mais sábios e responsáveis, capazes de amar e de trabalhar ombro a ombro com os diferentes. Nosso futuro depende de se alcançar a genuína sabedoria espiritual, pela integração das diferentes visões, sejam científicas, filosóficas, religiosas ou pela disposição de entregar-se ao profundo encontro com a energia do sagrado, seja qual for o nome que a ela se dê, já que essa força é a fonte de sabedoria profunda e do amor sem fronteiras. Não há ética verdadeira que não provenha dela.

A educação deve privilegiar os valores éticos; as ciências da saúde devem estar voltadas para uma percepção integral do ser humano; a economia e a tecnologia devem estar dirigidas prioritariamente para as necessidades humanas e planetárias; a política deve ter como base primordial a ética, o serviço público, o interesse coletivo; as religiões devem estar direcionadas para a espiritualidade, a religiosidade, a tolerância, o respeito mútuo e essencialmente para a irmandade universal; a sociedade deve formatar novos paradigmas lastreados na solidariedade e na proteção da vida. Todos os setores de atividades devem estar permeados de espiritualidade, de fé na sacralidade da vida, de atuação positiva, para o bem, para a plenitude do ser.

Em nossas efêmeras e transitórias vidas, somos os cidadãos e cidadãs do Planeta. As divisões que criamos são artificiais, um equívoco, eis que o Planeta é um só. Somos os tripulantes da Nave-Terra, somos a própria Terra, e é fundamental a união amorosa de todos, para uma viagem feliz, para a preservação da humanidade e da vida planetária, nessa saga maravilhosa da nossa Mãe-Terra girando harmoniosamente rumo ao infinito.

O mundo somos nós, seres cósmicos. Assim sendo, temos o poder de transformá-lo em um mundo melhor. A vida é regida por leis cósmicas confiáveis, o que nos permite agir com segurança para a mudança da vida planetária. Há uma perfeita e dinâmica correlação entre causa e efeito. Queiramos ou não, somos inexoravelmente responsáveis pelo mundo que temos, por ações ou omissões. Como ativistas da paz, haveremos de criar uma massa crítica que permita estabelecer novos paradigmas. Cada um de nós é um elo da corrente que une todas as criaturas. É preciso criar a consciência coletiva da responsabilidade individual, atuando para substituir o egoísmo pelo altruísmo, o individualismo pela solidariedade, o consumismo pela simplicidade, o ter pelo Ser, o materialismo pela espiritualidade.

Que cada um de nós possa assumir consigo mesmo, com o Eu interior, com a consciência, com a Humanidade e com o Planeta um compromisso que tenha o seguinte conteúdo:

"Consciente de que a edificação de uma sociedade justa depende da transformação individual de cada ser humano, comprometo-me a atuar - com amor, inteligência e solidariedade - empenhando o melhor de minhas capacidades e habilidades para a construção de uma sociedade livre, igualitária, fraterna, buscando proteger a vida planetária e construir uma organização social justa e digna, reconhecendo que minha família é a humanidade e que estou irmanado com todos os seres viventes".

RECOMENDAÇÕES

O 1º FÓRUM ESPIRITUAL MUNDIAL aprova as seguintes recomendações:

a) promover a fraternidade entre todos os seres, - independentemente de reino, raça, etnia, gênero, credo, classe social -, como fundamento básico para a organização da sociedade e para a atuação política;

b) apoiar o trabalho das Nações Unidas e de outras organizações nacionais e internacionais na construção da paz mundial e na defesa dos direitos humanos;

c) fomentar a atuação harmônica e consensual para a integração política e econômica dos povos, respeitadas as culturas, as religiões, as tradições e as línguas locais;

d) fomentar a educação e o estudo comparativo de culturas, tradições religiosas, filosóficas, ciências e artes visando a maior aproximação e integração entre os seres humanos e os povos;

e) conscientizar a sociedade para a proteção da vida e a conservação do ambiente natural, em defesa da manutenção da biodiversidade, da flora e da fauna, dos rios, dos lagos e das nascentes; atuar para que aqueles que causaram ou venham a causar danos à natureza, notadamente aos mananciais hídricos, recomponham os ecossistemas;

f) empenhar-se em prol do desarmamento mundial e da eliminação das minas terrestres;

g) propor às Forças Armadas o direcionamento de seus efetivos para a execução de tarefas voltadas para o estabelecimento da justiça social e da defesa do equilíbrio ecológico planetário;

h) instituir um documento de identidade pessoal reconhecido em todo o Planeta;

i) incrementar a realização de plebiscitos como forma de valorizar a cidadania e ampliar a democracia direta e participativa;

j) propugnar pela democratização dos meios de comunicação, com o objetivo de garantir a todos a divulgação de suas ideias e pensamentos; trabalhar para que a mídia assuma o compromisso ético de estar a serviço dos valores que edifiquem e fortaleçam uma cultura de paz entre todos os seres;

l) propor a criação de uma unidade monetária, em âmbito planetário, a partir do respeito e da valorização da economia solidária e da vida das comunidades mais carentes;

m) defender uma legislação justa com a valorização do Estado de Direito;

n) criar mecanismos e sistemas que possibilitem a efetiva participação de todos na vida política, econômica, cultural e social em âmbito planetário;

o) desenvolver o respeito aos direitos individuais e coletivos e à pluralidade e à diversidade de ideias e pensamentos;

p) garantir igualdade de oportunidades a todos, sem quaisquer discriminações, com a erradicação da miséria;

q) promover o acesso de todos à educação, em especial a educação de valores;

r) promover o acesso à saúde, com adoção de vida saudável e alimentação natural;

s) instituir ações que promovam mudanças nos hábitos de consumo, de modo a substituir consumo exacerbado pelo consumo consciente, com o uso equilibrado dos recursos naturais;

t) incentivar, em âmbito mundial, a adoção de uma língua neutra - como o esperanto - como língua de comunicação e de intercâmbios cultural e comercial, com a conservação das línguas e dialetos locais, garantindo a democracia lingüística e a manutenção dos valores culturais de todos os povos;

u) recomendar a criação de empresas cujos participantes sejam, em sistema cooperativo e igualitário, seus proprietários;

v) apoiar e desenvolver atividades agrícolas que, a partir da percepção da unidade da vida, conservem o meio ambiente e a natureza, objetivando produção agrícola que garanta alimentação orgânica e ecologicamente correta;

x) congregar organizações sociais para potencializar suas forças e divulgar seus trabalhos;

z) apoiar e promover eventos culturais e espirituais ou campanhas que possam elevar os paradigmas da sociedade.

A humanidade precisa de todos nós! Cada um de nós tem o poder de mudar o mundo.

E, juntos, nosso poder é maior!”

1º FÓRUM ESPIRITUAL MUNDIAL

Brasília – dezembro 2006

1º FÓRUM ESPIRITUAL MUNDIAL – o Fórum foi promovido pela União Planetária e teve a celebração de lançamento sob os auspícios do PNUD; contou com o Governo do Distrito Federal, Secretaria de Estado da Cultura, que ofereceu uma apresentação da Orquestra Sinfônica de Brasília, realizada no Centro de Convenções de Brasília; o Fórum contou com a presença de mais de 15.000 pessoas; a sua organização contou com o apoio da URI – Iniciativa das Religiões Unidas e da Universidade Holística Internacional UniPAZ; o Fórum contou com o apoio institucional do Governo do Distrito Federal através das Secretarias de Estado da Educação, da Cultura, da Segurança Pública e do Turismo, do Ministério do Meio Ambiente através da Secretaria de Educação Ambiental, da Secretaria Especial dos Direitos Humanos da Presidência da República, do Tribunal de Justiça do Distrito Federal e Territórios, das Nações Unidas – ONU, do PNUD, do Banco do Brasil, da Itaipu Binacional, do Ministério do Turismo, da Fundação Alexandre de Gusmão – FUNAG, da ITSA, da MAIS TV, da PaulOctávio, da Link Express; o Fórum teve como PARCEIROS: Associação de Auxílio Humanitário aos Países Africanos de Língua Portuguesa, Associação Viva a Vida – AVV, Brasília Super Rádio FM, Centro de Estudos Krishnamurti, CONFEA – Conselho Federal de Engenharia, Arquitetura e Agronomia, Confraria dos Cidadãos Honorários de Brasília, Fazenda Escola Bona Espero, Fundação de Rotarianos de Brasília, Instituto de Direito Comparado e Internacional de Brasília, Instituto Beija-Flor de Cultura, Arte, Educação Ambiental e Cidadania, Instituto de Desenvolvimento Ambiental, Raimundo Irineu Serra, Instituto Raoni, Itaipu Binacional, ITSA, Lenox – Quality Teaching, Liga Brasileira de Esperanto, Link Express, Grande Oriente do Distrito Federal – GODF, MAIS TV, Nobile Plaza Hotel, PNUD – Programa das Nações Unidas para o Desenvolvimento, Rede União de Televisão, Revista Planeta, Revista Sophia, SEBRAE - DF, SESC – DF, SINABRA, UnB – Universidade de Brasília, UniCEUB, Associação Brasileira de Arte e Filosofia da Religião Wicca, AMORC Brasília, Ananda Marga Brasília, Assembléia Baha'i Brasília, Comissão Brasileira de Justiça e Paz vinculada à CNBB, Comissão Teológica Latino-Americana da Associação de Teólogos do Terceiro Mundo, Diocese Anglicana de Brasília, Federação Espírita Brasileira – FEB, Federação Inter-religiosa Internacional pela Paz, Igreja Católica Liberal, Igreja Católica Brasileira, Igreja do Culto Eclético Sebastião Mota de Melo, Igreja Messiânica Mundial do Brasil, Movimento Internacional para Consciência de Krishna, Legião da Boa Vontade – LBV, Oomoto Internacional, Organização Brahma Kumaris, Organização Nova Consciência, Perfect Liberty Brasília, Seicho-No-Ie, Sociedade Teosófica no Brasil, Soka Gakkai Brasília, Templo do Shin Budismo Terra Pura e Assembléia Mundial da Juventude Islâmica.

ANEXO VII

A UNIÃO PLANETÁRIA

A UNIÃO PLANETÁRIA

A União Planetária – UP é uma entidade civil sem fins lucrativos, fundada em 1º de outubro de 1997, registrada, nessa data, no 2º Ofício de Registro de Pessoas Jurídicas de Brasília, sob o número 20.150; registrada na AGÊNCIA NACIONAL DO CINEMA - ANCINE, do MINISTÉRIO DA CULTURA, sob o nº 4619, em 2005; qualificada pelo MINISTÉRIO DA JUSTIÇA, como ORGANIZAÇÃO DA SOCIEDADE CIVIL DE INTERESSE PÚBLICO- OSCIP, nos termos da Lei nº 9.790, de 23 de março de 1999, em 24 de fevereiro de 2010, publicado no DOU de 2 de março de 2010.

A União Planetária - UP tem como objetivo principal a defesa dos ideais das Nações Unidas de fraternidade universal, de paz mundial, de justiça social, o que implica em trabalhar pelo fim da miséria e de todos os males sociais, atuando nesse sentido desde a sua fundação. Seus princípios e sua atuação guardam em consonância com os Objetivos de Desenvolvimento do Milênio – ODM.

Integrou-se a uma rede de televisão e constituiu um departamento de produção de programas para TV, cuja linha editorial está alicerçada na valorização do ser humano, no reforço dos valores da solidariedade e no fortalecimento da cidadania. Passou a produzir e a veicular inúmeros programas envolvendo os Objetivos de Desenvolvimento do Milênio - ODM. Para a operacionalização destes ideais, criou a TV SUPREN e instituiu a Fundação UNIÃO PLANETÁRIA. Há longos anos a UNIÃO PLANETÁRIA tem transmitido a sua programação em dezenas de canais de televisão no Brasil, alcançando ou tendo alcançado a canais da NET, da MAIS TV e da TV UNIÃO. Desde 2007 sua transmissão passou a ser de 24 horas diárias. Passou também a transmitir via webtv para todo o mundo através do endereço www.tvsupren.com.br.

Em sua grade de programação, além de matérias especialmente dirigidas para os ODM, inserem também programas voltados para a fraternidade universal, para a paz entre os povos, para a cidadania, para o social, para a saúde, para o educacional, para a arte e a cultura, para o espiritual ecumênico, para a solução dos problemas humanos. A plataforma que ancora toda a programação é a cultura de paz.

A União Planetária - UP consolidou e vem ampliando seus relacionamentos através de Acordos, Convênios, Contratos, Entendimentos, Protocolos, Fóruns, Prêmios e outras formas:

I. ORGANISMOS INTERNACIONAIS

1. **UNITED NATIONS – UN (Nova York) e ONU/PNUD Brasil** - A UNIÃO PLANETÁRIA firmou Parceria com UNITED NATIONS – UN - (Department of Public Information – DPI), em Nova York, para a divulgação de questões relacionadas com mudanças climáticas e com os OBJETIVOS DE DESENVOLVIMENTO DO MILÊNIO – ODM, em fevereiro de 2009, envolvendo a atuação da UNIÃO PLANETÁRIA na América do Sul, através da TV SUPREN. Anteriormente, em 2005, a UNIÃO PLANETÁRIA firmou MEMORANDO DE ENTENDIMENTO PARA DISSEMINAÇÃO DOS OBJETIVOS DE DESENVOLVIMENTO DO MILÊNIO – ODM, com o Coordenador do Sistema ONU e Representante Residente do PNUD no Brasil, passando a difundir vinhetas sobre os ODM, promovendo entrevistas

com personalidades ligadas diretamente à ONU/PNUD e a seus órgãos. Também produziu peças publicitárias – cartazes, folders e outras publicações – sobre os Objetivos de Desenvolvimento do Milênio - ODM. Em agosto de 2009 foi constituído o movimento "NÓS PODEMOS BRASÍLIA", integrante do Movimento Nacional da Cidadania e Solidariedade com a participação da ONU/PNUD, da Secretaria Geral da Presidência da República, do Governo do Distrito Federal (Decreto nº 30.685, de 12 de agosto de 2009), da Petrobras, do Banco do Brasil, da Caixa Econômica e da UNIÃO PLANETÁRIA, ficando a UNIÃO PLANETÁRIA como Secretaria Executiva. A UNIÃO PLANETÁRIA compareceu a diversos Seminários Regionais de outros Estados. Com o objetivo de aprofundar o diálogo, promover o debate e viabilizar os estudos sobre as Metas do Milênio, a UNIÃO PLANETÁRIA intensificou os Encontros que já vinha realizando em sua Sede Cultural, em Brasília. Passou também a promover referidos diálogos/debates/estudos em Estabelecimentos de Ensino Públicos e Privados, nos diversos níveis.

2. **MARSHALL CAVENDISH INTERNATIONAL** (SINGAPORE), acordo educacional de apoio mútuo.

3. **CLARINGNTON CAPITAL GROUP**, em Nova Iorque, estabelecendo as bases da constituição, reestruturação, expansão e manutenção da TV SUPREN.

4. **THE NATURE CONSERVANCY (INC)**, parceria cultural e educacional visando a produção e veiculação de programas de televisão.

5. **CONGRESSO DOS POVOS**, Paris, França; a União Planetária participou do Seminário dos Povos na

Bélgica, tendo sido credenciada como Membro do Comitê Executivo. O Congresso dos Povos objetiva fundamentalmente a construção de um mundo de Justiça Social e de Paz, através do entendimento, respeito às diversas culturas e religiões.

II. GOVERNO FEDERAL

1. **MINISTÉRIO DAS RELAÇÕES EXTERIORES – MRE - FUNAG - FUNDAÇÃO ALEXANDRE DE GUSMÃO** – Acordo de Cooperação Técnica, passando a apoiar e participar de inúmeros eventos, como também transmitindo pela TV as conferências e outras programações promovidas por aquela entidade, sempre voltadas para a solução dos problemas mundiais. Entre os diversos programas promovidos pela União Planetária merece destaque o programa "Entre amigos, conversando com o mundo", no qual são feitas entrevistas com os Embaixadores de países credenciados no Brasil e apresentados os aspectos positivos do país em referência.

2. **MINISTÉRIO DAS RELAÇÕES EXTERIORES – MRE - AGÊNCIA BRASILEIRA DE COOPERAÇÃO – ABC** – Acordo de Cooperação para documentar a atuação da Agência no mundo. Em maio de 2010 fez o primeiro documentário na África, em São Tomé e Príncipe e em agosto de 2010 fez outro no Senegal. Estão programadas inúmeras outras viagens de documentação.

3. **MINISTÉRIO DO MEIO AMBIENTE** – Diretoria de Educação Ambiental – Programa Nacional de Educação Ambiental - Acordo de Cooperação Técnica, com objetivo de intercâmbio de conhecimentos e de atuação conjunta na área de educação e comunicação ambiental, em âmbito

nacional e internacional, envolvendo a divulgação do Objetivo de Desenvolvimento do Milênio, referente à proteção do meio ambiente.

4. **MINISTÉRIO DO MEIO AMBIENTE** – Diretoria de Educação Ambiental – qualificada como SALA VERDE – viabiliza o acesso da população a informação ambiental através de vídeos, livros e apoio de monitores.

5. **MINISTÉRIO DA CULTURA** - sendo credenciada como um PONTÃO DE CULTURAL.

6. **SECRETARIA NACIONAL DE DIREITOS HUMANOS DA PRESIDÊNCIA DA REPÚBLICA** - constituindo-se em **CENTRO DE REFERÊNCIA DE PROMOÇÃO E DEFESA DOS DIREITOS HUMANOS PARA A DIVERSIDADE RELIGIOSA**, com incumbência de promover a criação de Núcleos nos 27 Estados da Federação representativos do Centro, conforme vem sendo feito; o Convênio está diretamente dirigido a valorização e proteção da diversidade religiosa, com objetivo de entendimento fraterno entre as diversas tendências religiosas.

7. **SECRETARIA NACIONAL DOS DIREITOS HUMANOS** - assumindo a Coordenação do **CENTRO DE REFERÊNCIA DOS DIREITOS HUMANOS PARA A POPULAÇÃO CARCERÁRIA**, "um espaço de cidadania e democrático habilitado e preparado para fornecer orientações gerais sobre os direitos fundamentais do ser humano à população carcerária no próprio ambiente do sistema penitenciário bem como, aos egressos do sistema prisional e seus familiares propiciando a geração, produção, difusão, fomento e disponibilização de conhecimentos sobre direitos humanos, qualificação

profissional, preparação para o mundo do trabalho, mediante as ações educativas e de formação para a cidadania no convívio familiar e social".

8. **MINISTÉRIO DA DEFESA - COMISSÃO DESPORTIVA MILITAR DO BRASIL** - Acordo de Cooperação Mútua.

9. **EMBRAPA – EMPRESA BRASILEIRA DE PESQUISA AGROPECUÁRIA** – Acordo de cooperação mútua.

10. **SEBRAE - SERVIÇO BRASILEIRO DE APOIO ÀS MICRO E PEQUENAS EMPRESAS** - visando a exibição de vídeos produzidos pelo SEBRAE de empreendorismo e qualificação profissional. Nestes vários anos - 2007/2010 -, centenas de transmissões foram e estão sendo feitas pela TV SUPREN de referidos programas.

III - GOVERNO DO DISTRITO FEDERAL

1. **MOVIMENTO NÓS PODEMOS BRASÍLIA** - com a participação do Governo do Distrito Federal (Decreto nº 30.685, de 12 de agosto de 2009), sendo a União Planetária a Secretaria Executiva.

2. **INSTITUTO BRASÍLIA AMBIENTAL – IBRAM** – Acordo de apoio mútuo para a produção e veiculação de vídeos de educação ambiental através da TV SUPREN.

3. **SECRETARIA DE ESTADO DE DESENVOLVIMENTO SOCIAL E TRANSFERÊNCIA DE RENDA DO DISTRITO FEDERAL** - para a produção de vinhetas e sua divulgação

através da TV SUPREN de crianças desaparecidas.

IV - UNIVERSIDADES

1. **MINISTÉRIO DA EDUCAÇÃO - UNIVERSIDADE FEDERAL DE VIÇOSA – UFV** - Acordo de Apoio Mútuo, envolvendo a transmissão de programas da União Planetária em seu Canal de Televisão.
2. **FUNDAÇÃO UNIVERSIDADE DE BRASÍLIA – UnB** - Acordo de atuação na área de educação e de televisão.
3. **CENTRO UNIVERSITÁRIO DE BRASÍLIA – UniCEUB** - acordo de apoio mútuo na área de Educação.
4. **IESB – INSTITUTO DE ESTUDOS SUPERIORES DE BRASÍLIA** – Convênio de parceria visando o apoio mútuo as atividades de pesquisas científicas, realização de fóruns, palestras, colóquios e seminários; Apoio ao observatório de Direitos Humanos do IESB; Incentivo à persecução dos ODM; Apoio a cátedra da UNESCO, parcialmente sobre a responsabilidade do IESB.
5. **FACULDADE VASCO DA GAMA**, em Salvador Bahia, estabelecendo a implantação pela UNIÃO PLANETÁRIA de Turmas de Pós-Graduação "Lato Sensu", em ***"EDUCAÇÃO TRANSDISCIPLINAR E A ARTE DE APRENDER PARA O DESENVOLVIMENTO HUMANO"***, bem como Cursos Livres, Cursos de Extensão e outros Cursos de Pós-Graduação.

V - ENTIDADES DA SOCIEDADE CIVIL

1. **ACADEMIA DE LETRAS DE BRASÍLIA** – Acordo de apoio mútuo, visando a valorização da cultura, da poesia e da literatura.

2. **CONFEDERAÇÃO BRASILEIRA DAS OSCIPS**, que congrega mais de 5.500 OSCIPS, em um projeto de apoio mútuo; o Presidente da União Planetária foi eleito Diretor de Relações Internacionais da CONFEDERAÇÃO.

3. **FUNDAÇÃO DOS ROTARIANOS DE BRASÍLIA**, parceria para atuação conjunta na divulgação dos trabalhos, objetivos e ideais comuns.

4. **GRANDE ORIENTE DO DISTRITO FEDERAL** – Ordem Maçônica, acordo de apoio mútuo, visando o aperfeiçoamento do ser humano e vitalização dos princípios eternos da liberdade, igualdade e fraternidade.

5. **GREEN CROSS BRASIL** - parceria cultural e educacional objetivando o apoio mútuo e a valorização da educação, da cultura e do humanismo, e os ideais de Solidariedade, Harmonia, Amor, Verdade e Justiça como base para a construção de uma sociedade ética, justa e humana.

6. **FEDERAÇÃO BRASILEIRA DE ENTIDADES DE COMBATE AO CÂNCER - FEBEC** - Acordo de Cooperação Mútua

VI - ENTIDADES ESPIRITUAIS E RELIGIOSAS

1. **SOCIEDADE TEOSÓFICA NO BRASIL** – parceria de cooperação na implantação de entendimento e fraternidade entre as correntes religiosas, valorizando a diversidade, visando a Paz Mundial.

2. **MOSTEIRO D'ANUNCIAÇÃO DO SENHOR** – Mosteiro Beneditino, na cidade de Goiás, estabelecendo-se uma parceria na produção de programas de televisão através do Monge Marcelo Barros.

3. **TEMPLO DO SHIN BUDISMO TERRA PURA** – Mosteiro Budista, em Brasília, estabelecendo-se uma parceria na produção de programas de televisão através do Monge Adhemar Sato.

4. **CENTRO DE ESTUDOS KRISHNAMURTI** – parceria de estudos e produção de programa de televisão, sobre as ideias do filosofo Krishnamurti, com vista ao fortalecimento do paradigma da Paz mundial.

5. **FUNDAÇÃO CIDADE DA PAZ – UniPAZ** – parceria cultural e educacional, objetivando primordialmente o apoio mútuo na promoção e valorização da educação, da cultura, do humanismo, da solidariedade como base para a construção de uma sociedade ética, justa e humana.

VII - PRÊMIO

1. **A UNIÃO PLANETÁRIA recebeu PRÊMIO DE IMPRENSA DOM HELDER CÂMARA**, concedido pela CNBB (Conferência Nacional dos Bispos do Brasil) em parceria com o CONIC (Conselho Nacional das Igrejas Cristãs), em razão dos programas da TV SUPREN, da UNIÃO PLANETÁRIA, em favor da Paz.

UNIÃO PLANETÁRIA

criando novos paradigmas

"Não há ideologia superior à Solidariedade"

UNIÃO PLANETÁRIA
criando novos paradigmas
SOLIDARIEDADE
HARMONIA
UNIÃO
AMOR
CUMPLICIDADE
RESPEITO
PAZ
TV SUPREN
Para uma nova consciência,
uma nova televisão
www.uniaoplanetaria.org.br
www.tvsupren.com.br

UP
UNIÃO PLANETÁRIA
criando novos paradigmas
"... e o mundo vai ver uma flor
brotar do impossível chão!"

UP
UNIÃO PLANETÁRIA
criando novos paradigmas
Do Macrocosmo ao Microcosmo
a Teia da Vida é única.

UP
UNIÃO PLANETÁRIA
criando novos paradigmas
Mahatma Gandhi
Herói da Paz

UP
UNIÃO PLANETÁRIA
criando novos paradigmas
1
ACABAR COM A FOME E A MISÉRIA
2
EDUCAÇÃO BÁSICA DE QUALIDADE PARA TODOS
3
IGUALDADE ENTRE SEXOS E VALORIZAÇÃO DA MULHER
4
REDUZIR A MORTALIDADE INFANTIL
5
MELHORAR A SAÚDE DAS GESTANTES
6
COMBATER A AIDS, A MALÁRIA E OUTRAS DOENÇAS
7
QUALIDADE DE VIDA E RESPEITO AO MEIO AMBIENTE
8
TODO MUNDO TRABALHANDO PELO DESENVOLVIMENTO
NAÇÕES UNIDAS
BRASIL
PNUD
Brasil
8 JEITOS DE MUDAR O MUNDO
NÓS PODEMOS

EDITORA
UNIÃO PLANETÁRIA